ın

LES ORIGINES DU CONFLIT ISRAÉLO-ARABE (1870-1950)

15e mille

Que sais-je?

À lire également en
Que sais-je ?

COLLECTION FONDÉE PAR PAUL ANGOULVENT

Georges Bensoussan, *Histoire de la Shoah*, n° 3081.
Alexandre Defay, *Géopolitique du Proche-Orient*, n° 3678.
Bouchra Rahmouni, Younes Slaoui, *Géopolitique de la Méditerranée*, n° 3975.
Michaël Jasmin, *Histoire de Jérusalem*, n° 4103.

ISBN 978-2-13-079489-9
ISSN 0768-0066

Dépôt légal – 1re édition : 2023, janvier
6e tirage : 2023, octobre

170 *bis*, boulevard du Montparnasse, 75014 Paris

Introduction

Ce conflit, l'un des plus anciens de notre temps, surabondamment couvert par les médias, est absorbé tout entier, en particulier depuis 1967, par l'actualité d'un interminable affrontement. En revanche, sa genèse est enfouie sous les strates d'une histoire mythifiée.

L'émergence du nationalisme juif dans la seconde moitié du XIXe siècle bouscule un Proche-Orient où le nationalisme arabe n'en est qu'à ses balbutiements. C'est au sortir de la Première Guerre mondiale que le conflit se cristallise, qui est non pas seulement le choc de deux nationalismes, mais un affrontement culturel recouvert par un « conflit religieux » (islam *versus* judaïsme) et d'innombrables polémiques sur la « nature » du projet sioniste. Les origines d'un conflit aussi mobilisateur et médiatisé mettent plus encore en lumière l'importance de l'histoire culturelle et de l'anthropologie, et soulignent combien la propagande, si souvent convoquée ici, se situe à mille lieues d'une connaissance historique véritable et enracinée dans la longue mémoire des peuples.

Depuis cent quarante ans, aucun des schémas explicatifs classiques (du « nationalisme » au « colonialisme » en passant par l'« impérialisme ») ne parvient vraiment à rendre compte des causes d'un affrontement qui n'a pas trouvé à ce jour d'issue véritable. C'est en étudiant la façon dont, dans la « Palestine » de la seconde moitié du XIXe siècle, le conflit prend forme à la fois au sein des élites arabes, dans la vieille communauté séfarade et parmi les sionistes d'Europe orientale que se dessinent les enjeux et les discours du XXe siècle. L'origine de l'événement recèle en effet une vérité profonde qui, sans déterminisme, indique en creux sa direction ultérieure.

CHAPITRE PREMIER

Le théâtre du conflit

I. – Qu'est-ce que la Palestine ?

Au début du XIXe siècle, on ne distingue pas la Palestine de la Syrie (*Bilad al Cham*), laquelle englobe les actuels États (ou territoires) de Syrie, du Liban, d'Israël, de Palestine et de Jordanie. L'organisation politique de la région est à base clanique. De larges réseaux d'alliances matrimoniales relient les clans d'une province à l'autre, et l'identité, ici, est principalement déterminée par la religion.

Au IVe siècle avant notre ère, Hérodote « invente » le terme *Palestina* pour désigner la région occupée par les Philistins, ce « peuple de la mer » d'origine égéenne établi sur la plaine côtière. Ce n'est qu'en 138 de notre ère que le mot réapparaît après la répression sanglante de la dernière grande révolte juive menée par Bar Kochba (132-135). L'empereur Hadrien raye de la carte le nom du royaume de Judée et le remplace par *Palaestina* ; il débaptise Jérusalem qui devient *Aelia Capitolina* et fait interdiction aux Juifs d'y résider. S'ils continuent pourtant à nommer leur pays perdu *Eretz Israel* (« terre d'Israël ») pendant de nombreux siècles, l'Occident, lui, parle de Palestine avant d'inventer plus tard le concept de « Terre sainte ». En dépit des massacres et de la perte de la souveraineté étatique, la présence juive y demeure ininterrompue.

Vers le IXe siècle, l'arabe remplace progressivement l'araméen et le grec, même si l'hébreu, sur le déclin, continue d'y être parlé. Au début du XIXe siècle, la Palestine n'existant pas en tant qu'entité autonome, la région est alors communément désignée sous le nom de « Syrie du Sud », laquelle demeure éclatée jusqu'en 1918 entre plusieurs sous-divisions qui sont toutes de souveraineté ottomane.

De nombreux témoignages insistent sur l'état désolé du pays au XIXe siècle. Fréquence des épidémies, pauvreté endémique. Un tiers seulement des terres est cultivé. Vers 1800, à l'exception de la communauté juive, on estime que 3 % seulement de la population sait lire et écrire. En 1881, dans les limites de ce qu'on nommera plus tard la Palestine mandataire[1], on compterait environ 470 000 habitants (dont 25 000 Juifs), une population majoritairement musulmane et rurale, regroupée dans près de 800 villages. En 1914, le pays aurait compté un peu plus de 720 000 habitants dont près de 80 000 Juifs, majoritairement citadins.

Au début du XIXe siècle, la méthode de culture dominante est le système du *musha* qui repose sur la rotation des lopins collectifs permettant à chacun de profiter des parcelles les plus fertiles, ce qui implique la pratique de la vaine pâture. Mais comme dans l'Europe occidentale du XVIIIe siècle, le droit de propriété moderne va ruiner ce système (Code foncier ottoman, 1858), liquider les usages collectifs de la terre et faire triompher l'exploitation individuelle. La suppression de l'agriculture communautaire, conjuguée à la pression démographique, entraîne l'apparition d'un nombreux prolétariat agricole qui finit par quitter la campagne et gonfler les périphéries urbaines. Enfin, un système fiscal extrêmement lourd appauvrit une grande partie de la paysannerie incapable de payer l'impôt. De nombreux petits paysans vendent leur bien au profit de quelques grandes familles[2]. En contrepoint, les réformes de 1858 favorisent la naissance de grandes propriétés foncières.

C'est sur cette nouvelle réalité foncière que se greffe une immigration juive encore modeste avant 1914. Près de 70 000 immigrants juifs arrivent en Palestine entre 1881 et 1914 et y créent 53 implantations agricoles. La première

1. On appelle « Palestine mandataire » le territoire qui, de la mer au Jourdain et de la frontière libanaise à la mer Rouge, est confié par la Société des Nations à la Grande-Bretagne en 1922. Ce territoire correspond aujourd'hui à l'État d'Israël, aux territoires palestiniens de la Cisjordanie et de la bande de Gaza.

2. Voir N. Picaudou, *Les Palestiniens. Un siècle d'histoire. Le drame inachevé*, Bruxelles, Éditions Complexe, 2003, p. 18.

vague (dite « première *alya* »[1]) arrive entre 1881 et 1903. La deuxième vague (dite « deuxième *alya* ») arrivée à partir de 1904 entend cultiver elle-même la terre qu'elle vient d'acquérir. Pour les métayers arabes, cette cession est un déracinement. S'ils ne sont pas dépossédés au sens juridique du terme, ils se sentent arrachés à une terre dont ils avaient le sentiment qu'elle était devenue leur par le travail fourni. Au regard du droit de propriété ottoman, le Code foncier de 1858 qu'aucun régime ultérieur en Turquie ne remettra en cause, le nouveau propriétaire est libre de mettre lui-même sa terre en valeur.

II. – Un Empire ottoman affaibli

Au XIXe siècle, la condition juive demeure précaire et la cohabitation se vit sur le mode de la réserve et souvent de la crainte. La minorité chrétienne subit, elle aussi, un climat d'hostilité, souvent même plus violent, comme le montrent les massacres perpétrés au Liban et en Syrie en 1860. Dans la pratique, et jusqu'au démembrement de l'Empire ottoman, Juifs et chrétiens demeurent le plus souvent des citoyens de seconde zone.

En dépit de leur victoire dans la guerre de Crimée (1856), les Turcs ne cessent de reculer jusqu'en 1912, alors que progresse parallèlement la percée occidentale en terre d'islam. De là la crainte qu'inspire une immigration juive en Palestine (majoritairement de nationalité russe, l'ennemi héréditaire), et la fermeture de l'empire dès 1882 à l'immigration étrangère, parallèlement à une politique plus agressive envers les populations non musulmanes[2].

Pour contrer le délitement de l'empire, les « Jeunes-Turcs » s'emparent du pouvoir à la faveur de la révolution de 1908. Ils dissolvent le Parlement en janvier 1912 et organisent de nouvelles élections. Les premières réformes enthousiasment

---

1. Littéralement : « la montée ». Il existe un autre mot en hébreu pour désigner l'immigration.
2. Marquée en particulier par les massacres des chrétiens arméniens commis entre 1892 et 1896 à travers toute l'Asie Mineure et jusqu'à Constantinople : 300 000 victimes.

la population (rétablissement de la Constitution de 1876, du Parlement ottoman et liberté de la presse), mais l'espoir d'égalité entre Arabes et Turcs est rapidement anéanti. Les Jeunes-Turcs engagent un processus de « turquification » qui ravive en retour le nationalisme arabe. La frustration parmi les élites arabes nourrit une nébuleuse de courants autonomistes regroupés à l'automne 1911 dans l'« Entente libérale » qui, à mots couverts, défend la volonté d'aller vers une autonomie proche de l'indépendance.

III. – Être juif dans la Palestine du XIXe siècle

Comme « peuple du Livre » (*ahl al Kitab*), les Juifs sont soumis en terre d'islam à la *dhimma*, mise en place vraisemblablement entre 717 et 720. Selon Janine et Dominique Sourdel, les dhimmis seraient « protégés » « à condition toutefois qu'ils acceptent une situation d'infériorité légalement reconnue »[1]. Un ensemble d'interdits sont institués pour marquer cette infériorisation. « Tout ce que les protégés reçoivent en échange de ces limitations et du paiement de la *jizya* est la liberté de culte et la vie sauve[2] », soutient de son côté l'islamologue Meir M. Bar-Asher. Les historiens du monde musulman s'accordent globalement pour dire que la mise en œuvre de la *dhimma* varie dans le temps et l'espace. Mais, « de manière plus générale, l'idée qui consistait à prévoir de façon durable le maintien d'une société à deux niveaux, niveau des maîtres, d'une part, que distinguait avant tout leur appartenance à l'islam, et niveau des non-musulmans, d'autre part, qui ne jouissaient point des mêmes droits, portait en elle des germes d'intolérance qui allaient, à toute époque et en toute région, caractériser les États musulmans rigoristes confrontés au problème des minorités confessionnelles. Même le régime le plus libéral au Moyen Âge, le régime fatimide qui

1. J. et D. Sourdel, *Dictionnaire historique de l'islam*, Paris, PUF, 1996 ; rééd. « Quadrige », 2004, p. 816.
2. M. M. Bar-Asher, *Les Juifs dans le Coran*, Paris, Albin Michel, 2019, p. 201.

permettait aux tributaires [*dhimmis*] d'accéder à des fonctions administratives, parfois même gouvernementales, soulignait à tout le moins la différence fondamentale leur interdisant l'égalité de comportement avec les musulmans dans le détail de la vie quotidienne comme devant les exigences de la fiscalité. Ailleurs la situation allait connaître ensuite, à partir du XIVe siècle, des formes souvent nettes de durcissement, notamment dans le Proche-Orient[1] ». Témoins de cette précarité et de ce « durcissement », les massacres dont la communauté juive de Palestine est l'objet, dès qu'une « crise » survient, durant le siècle qui précède l'abolition de la *dhimma* (Hébron en 1775, Safed en 1799, en 1834 et en 1838). Ce statut va jouer un rôle important dans la genèse et la perpétuation du conflit en dépit des réformes (*Tanzimat*) mises en place par la Porte en 1839 et en 1856, qui aboutissent à l'égalité juridique entre communautés de l'empire (*millets*)[2].

En dépit des deux édits d'abolition, la coexistence demeure fragile. La fin de la *dhimma* est en effet à l'origine d'une montée des tensions avec la majorité musulmane sunnite, au premier chef les oulémas, mais aussi avec les minorités chrétiennes opprimées qui supportent mal de voir les Juifs mis au même niveau qu'elles par l'abolition du statut de *dhimmi*. Quant à la place des Juifs en Terre sainte, l'islam balance entre le rejet et la reconnaissance de leurs droits sur cette terre[3]. Ainsi, au XIXe siècle encore, à la mort du sultan, les clés de la ville sainte sont remises au grand rabbin de Jérusalem, le *Haham Bashi*.

---

1. J. et D. Sourdel, *Dictionnaire historique de l'islam*, *op. cit.*, p. 817.
2. Après la guerre de Crimée, le traité de Paris, qui donne satisfaction aux Turcs, garantit des droits égaux pour les minorités chrétienne et juive.
3. « Nous avons dit ensuite aux Fils d'Isra'il : "Par Allah, habitez cette terre ! Quand l'Autre promesse se réalisera, nous vous ferons revenir en foule" » (Coran, XVII, 104).

CHAPITRE II

Une tragédie annoncée (1860-1917)

Le déclin de l'Empire ottoman au début du XXe siècle accroît l'hostilité envers les Occidentaux, dont la présence ravive le souvenir des croisades. Les premiers mouvements nationalistes arabes émergent dans la première décennie du XXe siècle, impulsés par plusieurs intellectuels syriens et libanais dont Al Kawakibi (1854-1902), Rachid Rida (1865-1935) et Neguib Azoury (1873-1916). Entre 1909 et 1914, le mouvement national arabe, au Caire et à Beyrouth en particulier, prend position contre le mouvement sioniste au sujet duquel il paraît bien informé. Avant 1914, les élites arabes palestiniennes partagent le sentiment d'une menace. C'est là sans doute qu'il faut voir le début d'une identité palestinienne spécifique. Dans une société où l'analphabétisme demeure massif, l'activité intellectuelle reste limitée à une élite.

I. – La naissance du mouvement national juif

Le sionisme (mot forgé en 1890 en référence à la colline de Sion, à Jérusalem) est un mouvement national né à la fois de la sécularisation du judaïsme et des impasses de l'émancipation à la fin du XVIIIe siècle.

Au XIXe siècle, l'immense « zone de résidence » de l'empire tsariste (1791-1917) regroupe les deux tiers du judaïsme mondial. Les Juifs s'y perçoivent comme une nation (*yiddishland*). C'est ici que se forme, au mitan du XIXe siècle, un mouvement culturel héritier de la *Haskala* allemande, des Lumières françaises et du romantisme occidental. La floraison de la presse et de la littérature hébraïque fait de la culture la réponse à une crise séculière du judaïsme marquée par le recul de la foi et l'assimilation. De langue vernaculaire et liturgique qu'elle était jusque-là, l'hébreu devient, d'abord en Palestine, puis partout ailleurs, une langue d'enseignement et une *langue maternelle*. Sept ans avant la tenue du premier Congrès sioniste (1897), c'est en Palestine que sont fondés en 1890 le « Comité de la langue » (*Va'ad ha Lashon*), puis en 1903 l'Association des instituteurs hébraïques. Ce mouvement culturel, mué en force politique qui vise à restaurer l'indépendance nationale sur la « terre des ancêtres », met en lumière l'attachement à une terre que les Juifs n'habitent plus depuis longtemps, mais qui figure au cœur de leur imaginaire national. Cette révolution culturelle se joue pour l'essentiel en Europe orientale et donne naissance, dans les années 1870-1900, à une nébuleuse de groupuscules (les « Amants de Sion ») qui se structure en mouvement politique sous la houlette de Theodor Herzl (1860-1904), un Juif viennois qui, à partir du congrès de Bâle (août 1897), jette les bases d'une véritable organisation.

Les réformes turques de la seconde moitié du XIXe siècle favorisent le renouvellement de la communauté juive de Palestine soutenu depuis l'extérieur par des mécènes juifs et des associations juives d'Occident, dont principalement l'Alliance israélite universelle.

Au milieu du XIXe siècle, une part de la communauté juive majoritairement séfarade, le « vieux Yishouv » (communauté juive de Palestine avant l'État d'Israël), va constituer l'embryon d'un renouveau national près de vingt ans au moins avant l'arrivée des premiers sionistes (1881-1882). On note ainsi à Jérusalem, au cours des quarante années qui précèdent la première *alya* (1881), une floraison d'écoles primaires et d'écoles professionnelles, de dispensaires, d'hôpitaux et de quartiers « hors les murs », comme aussi l'éveil d'une presse hébraïque avec les journaux *Ha Levanon* (*Le Liban*), fondé en 1863, et *Ha Havatselet* (*Le Lys*), fondé en 1870. En 1874 est créée à Jérusalem la première association ouvrière juive, *Hevrat Poalei Tsedek* (Association des travailleurs pour la justice).

Ces institutions, organisées autour de l'hébreu, transforment la vieille communauté juive de Palestine en *minorité nationale* dont le réveil est nourri par le mouvement européen des nationalités. En 1903 est réunie à Zichron Yaacov la « grande assemblée des Juifs de Palestine », dont les débats se déroulent en hébreu, alors qu'à cette date l'immigration sioniste est encore marginale. En 1914, l'hébreu est langue d'enseignement dans soixante établissements scolaires. En 1918, c'est déjà la langue usuelle de près de la moitié d'une communauté juive numériquement minoritaire sur un territoire qu'elle considère comme sa terre originelle, en dépit des mentalités encore imprégnées de la pratique de la *dhimma*. « Ce qui se dessine ici n'est rien de moins qu'une nouvelle question nationale dans l'Empire ottoman[1]. »

II. – Les deux premières vagues d'immigrants juifs (1881-1914)

C'est à partir de juillet 1881 que commence la première *alya* (30 000 immigrants entre 1881 et 1903) avec l'arrivée de plusieurs centaines de Juifs yéménites qui précède celle de milliers de Juifs originaires de l'Empire russe. La deuxième *alya* (35 000 immigrants entre 1904 et 1914) contribue à cristalliser autour de l'hébreu la renaissance nationale commencée dans le vieux Yishouv. Imprégnée des idéaux du socialisme et du populisme russes, elle entend bâtir une société égalitaire en inventant le modèle collectiviste et autogéré du kibboutz (1913).

Entre 1899 et 1914, les achats de terres réalisés par les Juifs se concentrent (sans exclusive) dans la plaine côtière marécageuse, la vallée de Jezréel (Galilée) et la vallée du Jourdain. De 22 000 dounams[2] en 1882, la propriété juive passe à 422 000 dounams en 1914 (sur un total de 27 millions).

Avant 1890, il s'agit surtout de terres domaniales (72 %) ou de biens fonciers appartenant à des hommes d'affaires

1. N. Picaudou, *Les Palestiniens…*, *op. cit.*, p. 24.
2. Soit 40 000 ha, un dounam représentant environ 1/10e d'hectare, soit 1 000 mètres carré.

absentéistes. Après 1890, il s'agit davantage de biens vendus par des paysans et de grands propriétaires résidents.

En 1902, le cinquième Congrès sioniste crée un Fonds national (le *Keren Kayemeth Le Israel*) destiné à constituer une réserve foncière inaliénable, louée en parcelles à des agriculteurs juifs. Dérisoires en volume, ces acquisitions sont symboliquement cruciales. L'opposition à ces transactions foncières est immédiate, et la presse arabe s'enflamme à plusieurs reprises contre des ventes de terres consenties à des Juifs, des admonestations ressassées qui laissent entendre qu'elles sont peu suivies. Cette résistance est en effet entravée par un haut niveau de corruption. Et alors que les frontières de la Palestine sont théoriquement fermées à l'immigration juive (mars 1884), des Juifs, profitant de cette corruption endémique, s'établissent par milliers dans le pays.

Les pionniers juifs arrivés dans les années 1880, plus « chers » que les ouvriers arabes sur le « marché du travail », sont laissés sur le carreau. Découragés, beaucoup repartent pour l'Europe ou pour l'Amérique. Arrivée en Palestine à partir de 1904, la deuxième *alya* est convaincue que le schéma colonial dans lequel se sont engagés ses prédécesseurs mène à l'échec. Les Juifs doivent mettre eux-mêmes en valeur la terre qu'ils acquièrent, c'est ce qu'ils nomment la « conquête du travail ». De là, sont mises en place des structures collectives à même de construire l'État. Il ne s'agit pas d'une démarche colonialiste, mais d'une volonté d'indépendance qui sous-entend l'embauche d'ouvriers juifs au détriment de la main-d'œuvre arabe, ce qui n'est pas sans susciter un malaise chez nombre de ces immigrants juifs influencés par les courants révolutionnaires internationalistes. Avec l'arrivée de la troisième *alya* (1919-1923), cette gauche sioniste, devenue majoritaire dans le pays, donne la préférence au combat national par rejet du schéma colonial. Réciproquement, de nombreux ouvriers juifs se voient opposer un refus d'embauche par les patrons arabes.

Entre 1907 et 1909, plusieurs conflits sociaux opposent travailleurs agricoles juifs, misérablement rémunérés, et propriétaires juifs qui leur préfèrent une main-d'œuvre arabe plus habile et encore moins bien payée qu'eux. Ce « séparatisme juif » est tôt dénoncé dans la société arabe. Au seuil des années 1920, en effet, les populations juive et arabe sont déjà séparées par le travail, la langue (l'hébreu) et le niveau de vie : en 1925, dans le Yishouv, le PNB par habitant est supérieur de 90 % à celui de la société arabe ; en 1935, il lui est supérieur de 160 %[1].

Les immigrants juifs ont-ils cru réellement qu'ils arrivaient dans une « terre sans peuple » selon la célèbre formule qui leur a été (faussement) attribuée[2] ? Jusqu'en 1900 au moins, les premiers sionistes demeurent généralement silencieux sur une présence arabe qui semble condamner d'emblée leur projet national. L'un des premiers, l'instituteur Itzhak Epstein, parle en 1905 d'une « question disparue » risquant de déboucher demain sur un conflit sans fin. Marquée par l'expérience russe des pogroms, la deuxième *alya* met sur pied le premier groupe juif d'autodéfense (Bar Giora, septembre 1907) auquel succède en 1909 le groupe Hashomer (le « Gardien ») qui réunit quelques centaines de volontaires parlant exclusivement l'hébreu. Telle une instance paraétatique, le Hashomer, dont les premières acquisitions d'armes sont financées par l'organisation sioniste, prend rapidement en main la protection de l'ensemble du Yishouv.

III. – La difficile naissance du nationalisme palestinien

L'élite palestinienne s'est longtemps pensée dans le cadre d'un nationalisme arabe centré sur la Syrie. C'est pourquoi, jusqu'à la Grande Guerre, l'identité palestinienne « n'est partagée que par un cercle relativement restreint, composé surtout de citadins instruits qui forment une nouvelle élite, considérablement plus vaste que celle des notables traditionnels[3] ».

1. Voir G. Bensoussan, *Une histoire intellectuelle et politique du sionisme (1860-1940)*, Paris, Fayard, 2002, p. 458.
2. Cette formule est issue en réalité des milieux protestants anglais, dont certains nourrissent avec ferveur l'idée d'un « retour des Juifs en Terre promise », première étape de la parousie.
3. R. Khalidi, *L'Identité palestinienne. La construction d'une conscience nationale moderne* (1997), trad. J. Marelli, Paris, La Fabrique, 2003, p. 290.

On fait généralement remonter au 24 juin 1891 la première protestation officielle contre l'arrivée des immigrants juifs, quand des notables arabes de Jérusalem demandent au grand vizir à Istanbul d'interdire l'immigration juive et les cessions de terres à des acheteurs juifs. En 1899, le mufti de Jérusalem, Taher al Husseini, demande l'expulsion des Juifs établis dans le pays depuis 1891. Le 1er mars de cette même année, l'ancien maire de la ville, Youssouf Diya al Khalidi, s'adresse au grand rabbin de France Zadoc Kahn. Il concède aux Juifs des « droits » sur la Palestine (« Qui peut contester les droits des Juifs en Palestine ? Mon Dieu, historiquement, c'est vraiment votre terre »), mais recommande aux sionistes de renoncer à leur « projet chimérique »[1].

L'irruption du sionisme dans les années 1900 accélère la cristallisation du nationalisme palestinien, surtout au sein de l'élite citadine. Plusieurs sociétés antisionistes sont créées ces années-là. Aux incidents qui, en 1910, opposent Juifs et Arabes dans la vallée de Jezréel, s'ajoute un choc culturel entre une société arabe majoritairement musulmane et traditionaliste et une immigration juive de Russie porteuse d'idéaux socialistes modernes.

À l'aube du XXe siècle, la société rurale de Palestine (l'agriculture demeure la principale ressource) s'organise autour de la famille et du clan (*hamoula*) qui régentent les affaires de chacun. Les intérêts et la loyauté du *fellah* palestinien se portent sur le village dont chacun compte deux ou trois clans, généralement hiérarchisés sur la base de la richesse. Le chef du village, le *moukhtar*, est souvent à la tête du clan le plus important.

Une douzaine de grandes familles dominent la société palestinienne. Chacune dispose d'un fief géographique, c'est-à-dire d'un pouvoir d'ordre local où l'héritage et la cooptation jouent un rôle essentiel empêchant le renouvellement des élites dirigeantes, en dépit de quelques éléments de modernisation qu'on relève surtout avant 1914 parmi les Arabes chrétiens.

---

1. Cité in B. Morris, *Victimes. Histoire revisitée du conflit arabo-sioniste* (1999), trad. A. Dufour et J.-M. Goffinet, Bruxelles, Éditions Complexe, 2003, p. 51.

De profonds clivages séparent « population rurale et population urbaine, pauvres et aisés, illettrés et instruits[1] ». Dans l'entre-deux-guerres, le développement économique (limité et sans industrie moderne) fait émerger une petite bourgeoisie instruite (enseignants, fonctionnaires, professions libérales, boutiquiers, employés du chemin de fer et du télégraphe...). La rivalité entre les grandes familles est liée à des divergences d'intérêts économiques opposant une « Palestine du littoral » et une « Palestine des collines ». Et, plus classiquement, à une lutte pour le pouvoir, comme le montre la longue hostilité qui oppose les Husseini aux Nashashibi. Enfin, un fossé sépare la minorité chrétienne (12 %), plus instruite, riche et citadine, de la majorité musulmane sunnite.

Dans le premier tiers du XXe siècle, le taux d'alphabétisation est de 25 % pour les musulmans (hommes), de 72 % pour les Arabes chrétiens, de 93 % pour les hommes juifs[2]. En 1947, sur près de 800 villages palestiniens, 432 seulement disposent d'une école. En matière d'éducation, de services sociaux comme d'administration en général, la supériorité du Yishouv est écrasante. Deux populations cohabitent qui ne sont pas contemporaines l'une de l'autre.

La société arabe découvre avec surprise, sinon avec stupeur, les Juifs immigrés de la deuxième *alya* (1904-1914) qui ne correspondent guère à ceux qu'ils connaissent depuis toujours. Bien avant 1914, les premiers nationalistes arabes dénoncent auprès du pouvoir ottoman les « menées séparatistes » des sionistes qui refusent de recourir à la main-d'œuvre arabe. Ils voient en eux les éléments avancés d'une « invasion juive », « le présage, écrit en 1911 le journal de Jaffa *Filastin,* de notre futur exil de la patrie et de notre abandon de nos maisons et de nos possessions[3] ».

Le réveil culturel arabe du début du XXe siècle (*Nahda*) et l'émergence d'une presse palestinienne à côté d'une presse arabe encore plus vivace, en particulier en Égypte et au Liban,

1. R. Khalidi, *L'Identité palestinienne...*, *op. cit.*, p. 291.
2. Chiffres tirés de l'ouvrage de E. Mills, *Census of Palestine*, Londres, 1932, t. II, p. 110.
3. Cité in B. Morris, *Victimes...*, *op. cit.*, p. 79.

concourent à l'édification d'une conscience nationale entée sur le rejet du sionisme. C'est toutefois seulement au sortir de la Grande Guerre que le mouvement national palestinien se structure en excluant les Juifs de Palestine dont une partie pourtant ne se reconnaît pas dans l'immigration sioniste. Par extension, et à l'exception de l'Égypte, la naissance des mouvements nationaux arabes prendra rapidement une coloration antijuive.

Le départ des fermiers ou des métayers arabes à la suite d'une acquisition faite par des Juifs, pour légale qu'elle soit, donne lieu avant 1914 à de nombreux incidents violents. À partir de 1909, de plus en plus de « gardiens » juifs sont tués dans l'exercice de leur mission. On relève toutefois ici et là, avant 1914, des ébauches de dialogue facilitées par un meilleur apprentissage de l'arabe parmi les pionniers de la deuxième *alya*, sans doute nourries aussi par la conviction qui habite de nombreux pionniers juifs que leurs voisins arabes sont leurs « frères de misère ». Tout en occultant la dimension nationale de leur refus.

CHAPITRE III

La Palestine dans les remous de la Grande Guerre

I. – La Palestine durant la Première Guerre mondiale

L'Empire ottoman entre dans la Première Guerre mondiale au côté des puissances centrales (Berlin et Vienne) le 2 novembre 1914. Le 8 septembre précédent, Istanbul avait aboli les capitulations (protections juridiques de certains étrangers), transformant des milliers de Juifs russes en « étrangers ennemis ». L'état de guerre entraîne une rupture des liens avec l'Europe occidentale et la Russie. Il n'y a plus alors ni immigrants ni transferts de fonds (la *halouka* est également concernée).

Redoutant une nouvelle sécession au cœur de l'empire, le gouvernement turc transforme son occupation en régime de terreur. Répression, famines et épidémies se conjuguent en 1917-1918 et dépeuplent la Palestine, dont la population passe de 800 000 habitants avant la guerre à 600 000 fin 1918.

Réagissant au « djihad général des musulmans » lancé par l'Empire ottoman en 1914, les pays de l'Entente craignent la portée de cet appel dans leurs propres empires coloniaux (Maghreb et Inde). Paris et Londres estiment donc que la désignation « préventive » d'un calife serait susceptible de contrer cette offensive. Leur choix se porte sur le chérif de La Mecque, Hussein, parce qu'il est « arabe, descendant du Prophète, libre et indépendant dans le Hedjaz. Cette liberté sera tout apparente[1] ».

1. H. Laurens, *La Question de Palestine I. L'Invention de la Terre sainte (1799-1922)*, Paris, Fayard, 1999, p. 295.

En 1915, Hussein se pose « en porte-parole de la nation arabe » et veut prendre la tête d'un État arabe indépendant qui aurait la forme d'un califat. Londres lui propose la péninsule Arabique, y compris une partie du Croissant fertile dépourvu d'accès à la Méditerranée. Le Royaume-Uni est convaincu d'avoir exclu la Palestine de ses promesses ; Hussein est persuadé du contraire. Le Foreign Office désigne Mark Sykes et le Quai d'Orsay, Georges Picot comme négociateurs des territoires arabes de l'Empire ottoman. Ces négociations interalliées aboutissent en mai 1916 aux accords (secrets) dits « Sykes-Picot »[1] qui internationalisent la Palestine (à l'exception des ports de Saint-Jean-d'Acre et Haïfa, accordés aux Anglais), mais sans définir le statut du territoire.

Pour prendre pied au Proche-Orient et affaiblir l'Empire ottoman, Londres soutient le nationalisme arabe et apporte son appui à la révolte de Hussein, lequel exige son indépendance. L'« armée de Fayçal », l'un des quatre fils de Hussein, qui regroupe moins de 4 000 hommes, lance la révolte le 6 juin 1916. Elle s'empare rapidement de La Mecque et Djeddah, mais échoue devant Médine. Seul le soutien britannique donne consistance à une rébellion qui rencontre peu d'écho dans le monde arabe.

À partir de l'Égypte, l'offensive anglaise commandée par le général Allenby prend le relais de Fayçal en janvier 1917. Elle réussit sa percée en Palestine à l'automne de la même année jusqu'à son entrée à Jérusalem le 11 décembre 1917. En septembre 1918, Allenby investit Nazareth, Naplouse et Haïfa avant d'entrer en Syrie en octobre. Le 31 octobre 1918, l'Empire ottoman signe l'armistice de Moudros. En Palestine, les Anglais imposent d'emblée une administration militaire qui exclut *de facto* toute présence française.

1. Les signataires sont des diplomates de rang plus élevé que Sykes et Picot, en l'occurrence Paul Cambon pour la France et Edward Grey pour la Grande-Bretagne.

II. – Vers la déclaration Balfour

Au début du XXe siècle, l'Europe chrétienne, héritière d'une longue tradition antijuive, a tendance à surestimer l'influence réelle des Juifs. L'une des conséquences en est la « déclaration Balfour », par le biais de laquelle Londres essaie de retenir la Russie dans la guerre en fantasmant le pouvoir réel du mouvement sioniste, et en misant sur le supposé « pouvoir d'influence » de sa communauté juive auprès du gouvernement provisoire issu de la révolution. D'autres motivations, plus profondes, jouent toutefois dans la décision britannique. Londres cherche à prendre pied en Palestine et promeut à cette fin la création d'un « foyer national juif », avant d'instrumentaliser le sionisme pour mieux demeurer dans un pays dont l'importance stratégique ne cesse de croître dans l'entre-deux-guerres.

À l'automne 1916, l'exécutif sioniste rédige un projet de mémorandum qui fait de la Palestine un « foyer national juif » ouvert à l'immigration. Ce texte est la genèse de la déclaration Balfour. Le 7 décembre 1916, le gouvernement Lloyd George, tout juste investi, décide de pénétrer en Palestine. Après de nombreux allers-retours commencés en juin 1917 avec le mouvement sioniste anglais, le texte de la déclaration est prêt et signé par le ministre des Affaires étrangères, lord Balfour. Il est adressé le 2 novembre 1917 à lord Lionel Walter Rothschild, figure éminente de la communauté juive du Royaume-Uni :

> Le gouvernement de Sa Majesté envisage favorablement l'établissement en Palestine d'un foyer national pour le peuple juif et emploiera tous ses efforts pour faciliter la réalisation de cet objectif, étant clairement entendu que rien ne sera fait qui puisse porter atteinte aux droits civils et religieux des collectivités non juives existant en Palestine, ou aux droits et au statut politique dont les Juifs jouissent dans tout autre pays[1].

1. Cité in N. Weinstock, *Terre promise, trop promise. Genèse du conflit israélo-palestinien (1882-1948)*, Paris, Odile Jacob, 2011, p. 109.

C'est la première fois qu'une grande puissance reconnaît l'existence d'un « peuple juif » et évoque la création d'un « Foyer national juif », mais en évitant le mot « État ». Toutefois, une part importante de la diplomatie et de l'armée britanniques est hostile à cette déclaration, dont elle craint les retombées. Ultérieurement, année après année, les rapports anglais sur la Palestine ne manqueront jamais de mentionner l'inentamable refus arabe de la déclaration Balfour.

III. – Les nationalismes arabe et juif dans les négociations de paix (1919-1920)

Cet imbroglio fait craindre des lendemains dangereux. Le président américain Wilson demande l'envoi d'une commission d'enquête interalliée dans la région (qui sera *in fine* une commission américaine). Celle-ci remet son rapport au président Wilson en août 1919 : « L'application du programme sioniste ne pourra se faire que contre les désirs de la majorité de la population et impliquera l'usage de la force[1]. » Les commissaires préconisent un mandat américain sur la Syrie confié à l'émir Fayçal. Mais il est trop tard : le Sénat américain vient de rejeter le traité de Versailles et, par surcroît, le 2 octobre 1919, le président Wilson est tombé gravement malade.

Quatre mois auparavant, la charte de la Société des Nations (28 avril 1919) avait défini la mission des « mandats » confiés aux puissances alliées, une tutelle temporaire permettant à des « peuples non encore capables de se diriger eux-mêmes [...] une mission sacrée de civilisation ». La division du Proche-Orient en mandats, après la mise en œuvre des accords Sykes-Picot de 1916, est couronnée par la conférence de San Remo, en avril 1920, qui valide la déclaration Balfour. La France reçoit mandats sur la Syrie et le Liban, la Grande-Bretagne, mandats sur la Palestine et l'Irak. Ces décisions s'intègrent dans le traité de paix signé avec la Turquie à Sèvres le 10 août 1920. Pour le camp sioniste,

1. Cité in H. Laurens, *La Question de Palestine I*, *op. cit.*, p. 477.

l'accord de San Remo constitue une victoire historique : pour la première fois, il se voit accorder une reconnaissance internationale. Pour les Arabes, en revanche, cet accord constitue une trahison des Alliés qui leur avaient promis l'indépendance en « récompense » du déclenchement de la « grande révolte arabe » en 1916.

En Palestine, la publication de la déclaration Balfour en 1920 et la conférence de San Remo la même année provoquent une vague de violence. Plusieurs garnisons anglaises sont attaquées. Dans la foulée, la nomination de Herbert Samuel (lui-même juif) au poste de premier haut-commissaire aggrave les tensions, d'autant que l'immigration juive vient de reprendre.

Au cours du Congrès national arabe tenu à Damas en juillet 1919, les délégués palestiniens rejettent le projet de création d'« une république sioniste en Syrie du Sud connue sous le nom de Palestine[1] ». Alors que les accords Sykes-Picot viennent de détacher la Syrie de la Palestine afin de constituer deux mandats distincts, les notables arabes auditionnés à Jaffa par la « commission internationale » exigent unanimement le rattachement de la Palestine à la Syrie, ce qui a aussi pour but de mettre en échec la déclaration Balfour qui repose implicitement sur la séparation des deux territoires. Quand les Français s'emparent de Damas[2] en juillet 1920 et en chassent Fayçal, les dirigeants palestiniens, alors forcés d'envisager un destin séparé, renoncent à l'appellation de « Syrie du Sud ».

1. Cité in N. Weinstock, *Terre promise…*, *op. cit.*, p. 132.
2. L'entrée des Français du général Gouraud à Damas le 24 juillet 1920 contraint le prince Fayçal à prendre le chemin de l'exil quatre jours plus tard.

CHAPITRE IV

Les premières années du mandat britannique

I. – L'occupation anglaise et la mise en place du mandat (1917-1922)

Le traité de San Remo, puis le traité de Sèvres (1920) laissent place en Palestine à une administration civile dirigée par le haut-commissaire Herbert Samuel (juillet 1920). Aux Anglais qui appellent les Arabes au dialogue avec la partie juive, ceux-ci opposent un refus tranché par la voix du premier comité islamo-chrétien fondé à Jaffa en 1918[1], et qui très tôt évoque un risque de « dépossession » de la Palestine par les Juifs. En octobre 1921, la délégation arabe envoyée à Londres objecte que « la déclaration de Balfour [*sic*] a été faite sans que nous n'ayons été consultés, et nous ne pouvons accepter qu'elle détermine nos destinées[2] ». Rien n'arrête toutefois la mise en place du mandat qui est approuvé par la SDN en juillet 1922, « déclaration Balfour » incluse, « considérant que cette déclaration comporte la reconnaissance des liens historiques du peuple juif avec la Palestine et des raisons de la reconstitution de son foyer national en ce pays[3] ».

Le quatrième Congrès arabe (juin 1922) lance un mot d'ordre de grève générale (deux jours) en signe de protestation

---

1. Voir *infra*, p. 27.
2. Cité in A. W. Kayyali, *Une histoire de la Palestine (1896-1940)*, Paris, L'Harmattan, 1985, p. 115.
3. Cité in H. Laurens, *La Question de Palestine I*, *op. cit.*, p. 620. L'hébreu sera l'une des trois langues officielles de la Palestine (dans les seules zones de peuplement juif), avec l'arabe et l'anglais (art. 22).

contre un mandat « fondé sur la déclaration Balfour », une attitude combative qui est probablement stimulée par les victoires de Mustafa Kemal en Turquie. Herbert Samuel assure alors prudemment qu'il n'est pas question de transformer la Palestine en foyer national juif, mais qu'il faut seulement y envisager l'édification d'un *foyer national juif*. L'immigration juive étant la source principale de la colère du camp arabe, Herbert Samuel la suspend quelques semaines, avant de la rétablir une fois le calme revenu. Il en use comme d'un moyen de régulation de l'esprit public. Préoccupé de gagner la confiance de la société arabe, il fait désigner en mai 1921 le jeune Amin al Husseini au poste convoité de mufti de Jérusalem[1]. Ainsi, dès le début des années 1920, la politique anglaise semble entamer un lent détricotage de la déclaration Balfour.

Enfin, pour tenter de satisfaire des promesses contradictoires et maintenir ouverte la « route des Indes », les Anglais séparent la Transjordanie de la Palestine pour y créer le « royaume de Transjordanie » (80 % du territoire de la « Palestine historique »). Londres espère par ce geste apaiser la Palestine arabe. Furieux, mais en position de faiblesse, le camp sioniste garde le silence. Dans le même temps, la partie arabe refuse la création proposée par Churchill d'une « commission arabo-juive » chargée de la question de l'immigration. Elle explique que, les Juifs étant « un peuple étranger à la Palestine », ils n'ont pas de légitimité à y siéger.

II. – Le renforcement du Foyer national juif

Face aux Anglais, l'émir Fayçal, troisième fils du chérif de La Mecque Hussein, a pris la tête des négociateurs arabes. Weizmann le rencontre une première fois le 4 juin 1918 à Akaba, sur la mer Rouge. Dans son rêve d'indépendance, Fayçal a besoin des « capitaux juifs » et de l'aide des sionistes. Une seconde rencontre a lieu à Londres en décembre 1918. Elle aboutit à l'accord Weizmann-Fayçal du 3 janvier 1919,

1. Voir *infra*, p. 28.

parrainé par les Britanniques. Mais cet accord, gros d'arrière-pensées, est illusoire, et dès le printemps 1919 Fayçal dissipe les ambiguïtés : il n'y aura pas de souveraineté juive en Palestine, même limitée. Il réitère plus franchement ce refus dans un entretien accordé le 3 octobre 1919 au *Jewish Chronicle* : « Les Arabes n'abandonneront jamais leur suprématie sur la Palestine[1]. »

Réunies à Jaffa en décembre 1918, les instances dirigeantes du mouvement sioniste en Palestine rédigent un programme de gouvernement provisoire destiné à la conférence de la paix[2]. L'armature économique et institutionnelle du Foyer national juif est mise en place au cours des années 1919-1925 avec la fondation du premier (grand) syndicat (*Histadrout*), d'un service de sécurité sociale (*Koupat Holim*), d'un service de soins urgents (*Maguen David Adom*) et d'une organisation de défense financée par un impôt officieux (*Haganah*). On est là, déjà, dans une logique préétatique. L'Agence juive, créée en septembre 1921, est reconnue par la charte du mandat en 1922 et demeure le pouvoir exécutif du Yishouv jusqu'à l'indépendance de l'État en mai 1948. Son « conseil directeur » constitue le gouvernement officieux du Foyer national juif. En juin 1929, l'Agence est élargie aux non-sionistes et aux Juifs ultra-orthodoxes, mais sa finalité demeure inchangée : la création d'un « Foyer national juif ».

Fin 1922, le premier recensement effectué par les Britanniques dénombre 760 000 Arabes (670 000 musulmans et 90 000 chrétiens), 84 000 Juifs et 5 000 « autres minoritaires[3] ». Entre 1917 et juin 1926, 100 000 Juifs environ gagnent la Palestine[4]. Cette immigration s'effondre en 1927-1928 avec la crise économique et reprend lentement

1. H. Laurens, *La Question de Palestine I*, *op. cit.*, p. 491.
2. Selon H. Laurens, il s'agit d'un programme « maximaliste » qui prévoit d'atteindre un jour une majorité juive et la mise sur pied d'un État juif démocratique dans lequel les Arabes auront un statut de minorité (*ibid.*, p. 457).
3. Cité in N. Weinstock, *Terre promise...*, *op. cit.*, p. 137.
4. Alors qu'en 1924, 50 100 immigrés juifs avaient gagné les États-Unis et 14 000 la Palestine, en 1925, les chiffres s'inversent, un peu plus de 10 000 Juifs gagnent les États-Unis et 34 000 la Palestine ; sources : *ibid.*, p. 167.

en 1929 grâce à la reprise de la croissance, puis décolle franchement en 1932-1933 avec 30 000 arrivées.

En 1922, les Juifs constituent 11,1 %, puis 17,7 % en 1931 (date du deuxième recensement organisé par les Anglais) des 1 033 000 habitants de la Palestine[1]. La natalité des musulmans (55,5 ‰ en 1924), l'une des plus élevées du monde (près de 9 enfants par femme), fléchit légèrement en 1932 (49 ‰). Celle des Arabes chrétiens passe de 40 ‰ en 1924 à 36 ‰ en 1932. Celle des Juifs passe de 38 ‰ en 1924 à 29 ‰ en 1932. L'évolution de la mortalité confirme le fossé qui sépare Juifs et musulmans. En 1932, le taux de mortalité de la population musulmane est de 26 ‰, celui de la population juive, de 9,7 ‰.

La répartition entre population urbaine et rurale montre les mêmes disparités de développement, avec une population rurale majoritairement musulmane en 1931 (571 000), et une population urbaine massivement juive (128 000). Mêmes disparités en matière d'alphabétisation : le recensement de 1931 indique près de 15 % de « personnes alphabétisées âgées de sept ans ou plus » chez les musulmans (avec un écart considérable entre les hommes et les femmes), 58 % chez les Arabes chrétiens, 86 % chez les Juifs[2]. Cette évolution urbaine est concomitante de l'essor d'une médecine moderne impulsé en particulier par les réseaux sionistes américains regroupés autour de Henrietta Szold (1860-1945), laquelle, au début des années 1920, jette les bases de l'hôpital Hadassah à Jérusalem.

Plusieurs productions, en particulier les agrumes dont la Palestine est le deuxième producteur mondial, connaissent une progression spectaculaire dans les deux sociétés. La croissance économique du secteur juif, alimentée entre autres par les investissements de la diaspora, plus forte que celle du secteur arabe, est marquée par la naissance d'une industrie moderne. Ce développement profite à l'ensemble de la Palestine par l'effet redistributif de l'impôt[3]. Enfin, loin

1. Dont, en 1931, 693 000 musulmans, 174 000 juifs, 89 000 chrétiens et 10 000 « autres ».
2. Voir *ibid.*, p. 115.
3. Selon l'administration anglaise, en 1927, pour 1 £ d'impôt payé par le secteur arabe, le secteur juif en paie 4,5.

d'être homogène, le Yishouv sioniste est pénétré de nombreux préjugés à l'endroit des Juifs d'origine orientale et est marqué, par surcroît, par de puissants clivages politiques. Majoritaire à partir des années 1920, le sionisme ouvrier prône un *socialisme national* et relègue à la marge le mouvement « sioniste révisionniste » de Jabotinsky (fondé en 1925).

En public, les dirigeants sionistes font rarement mention de l'hostilité ouverte[1] qui les entoure. En privé, en revanche, en dépit de la brève flambée d'optimisme des années 1917-1918, une forme de résignation fataliste est souvent au rendez-vous. « Tout le monde perçoit la difficulté de la question des rapports entre Juifs et Arabes, déclare Ben Gourion en juin 1919, mais tout le monde ne voit pas que le problème n'a aucune solution. Aucune ! C'est un gouffre que rien ne pourra combler. [...] Nous, en tant que nation, voulons que cette terre soit la nôtre ; les Arabes, en tant que nation, veulent que cette terre soit la leur[2]. »

Confronté à la IIe Internationale socialiste à laquelle appartient le mouvement sioniste ouvrier, Ben Gourion et ses camarades maquillent le conflit national en affrontement social, en expliquant qu'il oppose le « progressisme du sionisme travailliste » à « des voyous arabes » [*sic*], stipendiés par de grands propriétaires rendus inquiets par l'influence que ces Juifs émancipés pourraient avoir sur la paysannerie arabe. Beaucoup redoutent la perspective d'un long conflit entre les deux mouvements nationaux. Que négocier si l'on souhaite devenir majoritaire et que le camp opposé entend le rester ? En position d'infériorité, les responsables sionistes prônent la retenue : ils savent qu'en cas de conflit ouvert l'immigration se tarirait aussitôt. Si le conflit est inévitable, pensent-ils, il faut renforcer le Yishouv à l'ombre du parapluie britannique, occuper autant de terrain qu'il est possible en faisant de chaque position l'« avant-poste » d'un peuplement éparpillé.

---

1. Dans la presse arabe avant 1914, les Juifs sionistes sont présentés comme des étrangers, des allogènes « occupés à voler la terre à ceux qui la possèdent en droit » (R. Khalidi, *L'Identité palestinienne...*, *op. cit.*, p. 205).
2. Cité in B. Morris, *Victimes...*, *op. cit.*, p. 108.

III. – Un refus arabe plus structuré

Le premier effet de la déclaration Balfour est de souder Arabes chrétiens et Arabes musulmans dans une même inquiétude, nourrie du côté musulman par l'angoisse récurrente selon laquelle les Juifs chercheraient à s'emparer de Jérusalem pour y détruire la mosquée d'Omar et y reconstruire le Temple. C'est sur cette base que se constituent à Jaffa, en 1918, les premières associations islamo-chrétiennes. Elles essaiment rapidement dans le pays et tiennent leur premier congrès préparatoire à Jérusalem en février 1919. Les principaux dignitaires musulmans et chrétiens y sont réunis au côté des représentants des grandes familles de la bourgeoisie urbaine. Les uns et les autres adressent pétitions et plaintes à l'administration britannique qui, inquiète, suspend un temps l'immigration juive et interdit les transferts de propriété, avant d'interdire également de jouer en public l'hymne national juif (*Hatikwah*). Une délégation des comités islamo-chrétiens est invitée à la conférence de la paix à Paris.

Un double clivage se dessine au sein du combat national palestinien. Les notables qui ont fait carrière sous le système ottoman, et se voient confirmés par les Britanniques dans leurs fonctions, se montrent les plus prudents. En revanche, les classes moyennes instruites, concurrencées par les sionistes, se révèlent plus belliqueuses[1]. Ce sont elles qui fournissent le plus de jeunes recrues au mouvement national. Dès 1919, certaines franges de la société arabe prônent la violence et en appellent au « djihad » contre l'« invasion juive ». Mais s'il est unanime dans son rejet de la déclaration Balfour, le mouvement national arabe paraît plus divisé sur l'avenir du pays, partagé qu'il est entre partisans d'un protectorat britannique ou français, et partisans, pour la majorité, d'une tutelle américaine sur la Palestine.

Après la déclaration Balfour, la conférence de San Remo fait prendre conscience à la partie arabe du danger de voir se constituer un « foyer national juif » susceptible d'aboutir,

1. Voir H. Laurens, *La Question de Palestine I*, *op. cit.*, p. 408.

demain, à un partage du territoire entre deux sociétés déjà dissemblables. En décembre 1920, le troisième Congrès des associations islamo-chrétiennes (dit aussi « Congrès national »), réuni à Haïfa, met en place un exécutif de notables (non élus). Il porte à sa tête Moussa Kazem al Husseini qui est désormais l'interlocuteur officieux (officiel après 1929) d'une puissance britannique lui refusant toutefois tout rôle politique et demeure sourde à la plupart de ses revendications, en particulier l'abrogation de la déclaration Balfour, la fin de l'immigration juive, l'abrogation du statut officiel de l'hébreu et l'interdiction du drapeau sioniste. Le quatrième Congrès, réuni à Jérusalem en mai-juin 1921, entérine l'abandon de l'union syrienne après la mainmise de la France sur Damas. Il évoque cette fois explicitement un « peuple arabe de Palestine ».

La carrière du mufti de Jérusalem, Amin al Husseini (1895-1974), commence dans ce contexte. À la mort du précédent mufti (21 mars 1921), la famille Husseini pousse le jeune Amin, son demi-frère, à se porter candidat à l'élection du 12 avril 1921. Mais arrivé en quatrième position, il est réglementairement éliminé. Avec l'appui du haut-commissaire, convaincu que le clan Husseini est un facteur d'ordre en Palestine, les Husseini balaient le résultat de l'élection, poussent le candidat le mieux placé à renoncer, intimident les autres concurrents et font nommer le jeune Amin au poste de mufti de Jérusalem, bien qu'il n'ait aucun des titres requis et ne soit diplômé d'aucune université coranique. Le voici, très jeune (26 ans), responsable des biens religieux des tribunaux (*Waqf*), de la nomination des cadis (juges) et de l'ensemble du personnel judiciaire, et à la tête d'un budget considérable. Un pouvoir augmenté encore en janvier 1922 par la création du Conseil supérieur musulman dont la direction lui est confiée. Intronisé *ipso facto*, par la volonté des Britanniques, chef de la communauté musulmane de Palestine, il régente désormais la vie d'une institution forte de 1 200 salariés, dotée d'un budget annuel de 100 000 livres palestiniennes.

*

Entre 1918 et 1922, les notables palestiniens plaident à plusieurs reprises auprès du gouvernement anglais en faveur de l'abrogation de la déclaration Balfour. En août 1921, à Londres, Churchill, secrétaire d'État aux colonies, réaffirme devant une délégation palestinienne que la déclaration Balfour ne sera pas abrogée, et qu'il n'y aura pas d'institutions représentatives en Palestine dans l'immédiat qui seraient susceptibles de l'abolir sur-le-champ. Le 3 juin 1922, il dévoile la politique du mandat pour les années à venir et transmet ce document aux deux parties et à la SDN[1] sous le titre *Livre blanc de Churchill*. Il y précise le sens des mots « Foyer national juif » :

> Cette communauté avec ses populations citadines et campagnardes [...] a donc bien en fait des caractéristiques « nationales ». [...] Mais, afin que cette communauté ait les meilleures perspectives de libre développement et que le peuple juif ait toutes les facilités possibles pour déployer ses capacités, il est nécessaire qu'il sache qu'il est en Palestine de droit et non par tolérance. C'est pour cette raison que l'existence d'un Foyer national juif en Palestine doit être garantie internationalement et qu'il doit être reconnu formellement que son établissement est fondé sur des bases historiques[2].

Après avoir immédiatement rejeté ce *Livre blanc*, le cinquième Congrès palestinien, réuni à Naplouse en juillet 1922, refuse de reconnaître le mandat. Il ratifie le « pacte national » qui s'engage « devant Dieu, l'histoire et la nation [*Oumma*] à poursuivre notre action par tous les moyens légaux pour l'obtention de l'indépendance de notre pays, la réalisation de l'unité arabe, et nous n'accepterons pas le foyer national juif et l'émigration juive[3] ».

Dans la lignée de ce refus initial, la partie arabe rejette la plupart des initiatives anglaises tels le recensement de 1922, les élections au Conseil législatif de 1923, la proposition

1. Qui l'officialise le 24 juillet 1922. Il entre en vigueur le 1er septembre 1923.
2. In H. Laurens, *La Question de Palestine I*, *op. cit.*, p. 611.
3. Cité in H. Laurens, *La Question de Palestine II. Une mission sacrée de civilisation (1922-1947)*, Paris, Fayard, 2002, p. 31.

de la création d'une Agence arabe[1] sur le modèle de l'Agence juive. Ces refus successifs condamnent les débuts de l'administration anglaise en Palestine à un blocage quasi permanent. Une partie de la société palestinienne aurait toutefois souhaité participer aux élections de 1923 et, à cette occasion, les heurts intrapalestiniens montrent un mouvement national plus divisé qu'il n'y paraît. L'opposition au sionisme apparaît bien comme le seul point d'accord d'une société déchirée par les querelles interclaniques, divisée socialement et économiquement entre le « monde du littoral » et le « monde des collines », entre villes et campagnes, entre paysans pauvres et gros propriétaires terriens, et entre musulmans et chrétiens, *a fortiori* lorsque, à partir de 1925, le grand mufti cherche à islamiser la question nationale[2].

1. Mais nommée cette fois par le Haut-Commissariat, ce qui dispense ses membres d'accepter au préalable la déclaration Balfour.
2. Voir *infra*, p. 35.

CHAPITRE V

L'affrontement

I. – La première phase (1914-1922)

Après le départ des Ottomans fin 1918, et alors que la population arabe refuse de restituer les grandes quantités d'armes dont elle s'était emparée, une insécurité chronique gagne les campagnes. Elle est due à la présence de bandes paysannes armées (*'isabat*) organisées sur une base locale (le village) et clanique (le lignage), œuvrant sous la coupe d'un chef plus ou moins charismatique qui mêle « lutte nationale et religieuse [...] et goût du pillage[1] ». En février-mars 1920, ces bandes attaquent des implantations juives isolées dans l'extrême nord de la Galilée, dont Tel Haï évacuée le 3 mars 1920. Huit combattants juifs sont tués. Dans le récit sioniste, l'épisode se mue en mythe national : « Si nous prenons la fuite devant des brigands, déclare Ben Gourion, ce n'est pas seulement la Haute Galilée que nous devrons céder, mais la terre d'Israël tout entière[2]. »

Côté arabe, le conflit contre les Juifs emprunte de plus en plus des symboles religieux, musulmans en l'occurrence. Cette évolution fait craindre aux Anglais les cérémonies religieuses, en particulier le pèlerinage musulman de *Nabi Mussa* (le prophète Moïse), institué au XIIe siècle par Saladin contre les Croisés et qui, cette fois, prend à nouveau une signification politique par le rappel de la reconquête de Jérusalem en 1187 par les musulmans.

En 1920, la célébration du *Nabi Mussa*, fixée au 4 avril, coïncide avec la tenue du Congrès national syrien à Damas

1. H. Laurens, *La Question de Palestine I*, *op. cit.*, p. 502.
2. Cité in B. Morris, *Victimes...*, *op. cit.*, p. 109.

et avec la fête juive de Pessah. Devant une foule exaltée (dont 600 pèlerins musulmans entrés la veille dans la ville), le maire de Jérusalem appelle à « donner son sang pour la Palestine ». La foule reprend en cœur : « *Nashrab dam al Yahud !* » (« Nous boirons le sang des Juifs ») et le chef des pèlerins : « *Itbah al Yahud !* » (« Égorgez les Juifs ! »). C'est le signal d'un déchaînement de violence de quatre jours (4-7 avril 1920) durant lesquels la foule saccage, mutile et tue des Juifs dans le cœur même de Jérusalem. Le contingent de police arabe refuse d'intervenir, et certains de ses éléments se joignent aux émeutiers. Six Juifs sont tués, plus de 200 sont blessés et de nombreuses femmes, violées. Ultérieurement, le rapport de la commission d'enquête anglaise (dite commission Pallin) rendra les associations palestiniennes responsables de ces violences. La loi martiale est proclamée et la majorité des Juifs de la « Vieille Ville » émigrent vers les quartiers ouest de la cité.

Dans la foulée de ces émeutes, d'autres violences éclatent en mai 1921 à Jaffa (« ville mixte » où cohabitent 26 000 Arabes et 16 000 Juifs[1]) à la suite d'une manifestation du 1er mai qui voit s'opposer entre eux des manifestants juifs, les uns communistes, les autres socialistes. Témoins de l'affrontement, des Arabes de Jaffa s'immiscent dans la querelle et s'en prennent à un foyer d'immigrants. Comme à Jérusalem, une partie des policiers arabes se joignent aux assaillants. Treize Juifs sont assassinés (parmi eux l'écrivain Yosef Haïm Brenner), 26 autres sont blessés.

> La ville entière de Jaffa fut rapidement le théâtre d'une sauvagerie extrême, rapporte le 5 mai 1921 le drogman du consulat de France. Musulmans et chrétiens assommaient à coups de bâton tous les Juifs qu'ils rencontraient sur leur chemin[2].

Entre le 4 et le 6 mai 1921, les émeutes débordent sur les villes voisines (Tel-Aviv, Petah Tikva, Hadera et Rehovot) où l'on déplore la mort de 50 Juifs et de 50 Arabes[3], alors que

---

1. Tel-Aviv ne regroupe alors que 3 600 Juifs.
2. Cité in H. Laurens, *La Question de Palestine I*, *op. cit.*, p. 564.
3. Ces derniers majoritairement tués par les troupes anglaises. C'est dans ce contexte d'extrême tension que pour « calmer » la partie arabe, l'administration

les émeutiers ne distinguent plus entre « vieux Yishouv » et « Yishouv sioniste ». Étreinte par un sentiment de précarité, la société juive prend conscience du caractère irréductible du refus arabe. « Les vagues et les mers tourmentées de l'islam finiront par se déchaîner, analyse en 1922 le journaliste Itamar Ben Avi. Si nous ne parvenons pas à endiguer le flot au moyen d'un accord [...], il nous inondera de sa colère. [...] Tel-Aviv dans toute sa splendeur, nos côtes et toutes leurs beautés seront anéanties[1]. »

Soucieux d'apaiser la partie arabe, les Britanniques arrêtent Jabotinsky et une douzaine de membres de la Haganah qui sont condamnés à des peines de travaux forcés, ils suspendent l'immigration durant quelques semaines. Quelques mois plus tard, le rapport Pallin valide la « version juive » des événements, mais il ne sera jamais publié.

II. – L'insécurité des années 1920

Après les émeutes de 1920-1921, un calme précaire prévaut à nouveau, mais la violence demeure endémique et aggrave la partition qui se dessine entre deux communautés qui deviennent peu à peu deux sociétés. Dès 1921, de nombreux Juifs quittent les zones mixtes. La dépression économique qui survient en 1927-1928 raréfie l'emploi et altère davantage encore les relations entre Juifs et Arabes.

1. **Dialoguer malgré tout : les tentatives des années 1920.** De rares actions communes mêlent Juifs et Arabes dans le domaine économique et social comme lorsque, en 1921, les producteurs d'agrumes juifs et arabes mettent sur pied un « comité mixte pour l'exportation des agrumes ». De rares combats réunissent travailleurs juifs et travailleurs arabes, telles la grève des chauffeurs en 1931 et celle des dockers du port de Haïfa en 1932. Mais les responsables des deux camps refusent de créer une organisation syndicale commune.

---

anglaise nomme Amin al Husseini au poste de mufti de Jérusalem le 8 mai 1921 (voir *supra*, p. 28).

1. Cité in B. Morris, *Victimes...*, *op. cit.*, p. 120.

Les quelques tentatives de dialogue ébauchées au cours des années 1920, venues exclusivement des rangs juifs, tournent court assez rapidement. Il arrive que des interlocuteurs arabes acceptent une rencontre contre argent comptant, mais dès que les subsides viennent à manquer les contacts cessent. Quelques notables arabes souhaitent dialoguer, mais la menace interne les réduit au silence.

Au mitan des années 1920, quelques intellectuels juifs et sionistes de Palestine, en majorité d'origine allemande et témoins des ravages du nationalisme dans l'Europe de la Grande Guerre, se montrent de plus en plus favorables à un projet d'État judéo-arabe binational. Emmenés par le rabbin américain (d'origine allemande) Yehuda Magnes (1877-1948), ils créent en 1925 l'association *Brit Shalom*, l'« Alliance pour la paix » qui prône une solution binationale, mais qui échoue à prendre pied au sein de l'opinion arabe « éclairée ». Durant huit ans, *Brit Shalom* attend qu'une voix arabe s'élève pour lui répondre. En vain. Condamnée au monologue, l'association demeure marginale (elle compte à peine 200 membres) et si les massacres du mois d'août 1929[1] valident certaines de ses analyses, l'extrême violence qui s'y est déchaînée compromet toute coexistence binationale. Alors que plusieurs militants quittent le mouvement et parfois même le pays, l'association finit par se dissoudre en 1933.

2. **La querelle du Mur occidental (*Kotel*).** – Au XVIe siècle, les Juifs ont transféré leurs principaux lieux de prière du mont des Oliviers au Mur occidental (*Kotel ha Maaravi* des Juifs, mur des Lamentations des Occidentaux, *Al Buraq* des musulmans). Le *Kotel* est un bien islamique consacré et inaliénable (*Waqf*), auquel sont adossés les bâtiments secondaires de la mosquée Al Aqsa. Un *statu quo* ancien permet aux Juifs d'y prier dans des conditions précaires.

En septembre 1928, veille de Yom Kippour, les Juifs installent un rideau destiné à séparer les hommes des femmes en prière. Le Conseil suprême musulman y voit une « atteinte au *statu quo* » qui trahirait la volonté des Juifs de s'emparer des

1. Voir *infra*, p. 35.

sites sacrés de l'islam. Le lendemain (en pleine célébration de Kippour), la police retire le rideau. L'incident, en soi véniel, pose une question de fond : si le *Livre blanc* assure que le peuple juif est en Palestine « de droit et non par tolérance », il semble que, dans le lieu le plus saint du judaïsme, il y soit par *tolérance* et non par droit.

En avril 1929, le grand mufti souhaite réduire la hauteur de l'un des murs afin de surveiller les Juifs qu'il suspecte de vouloir « enfreindre le *statu quo*[1] ». L'organisation sioniste réaffirme qu'elle reconnaît l'inviolabilité des lieux saints musulmans et demande pour les pèlerins juifs un passage élargi de 4 mètres[2]. Début 1929, les services de propagande du grand mufti diffusent de fausses gravures représentant le drapeau frappé de l'étoile de David flottant sur l'esplanade des Mosquées (*Haram al Sharif*). Quelques mois plus tard, le haut-commissaire John Chancellor accorde au Conseil islamique suprême l'autorisation d'entreprendre de nouveaux travaux dans le secteur du Mur (entraînant des chutes de briques sur les fidèles juifs priant en contrebas). C'est le point de départ des émeutes du mois d'août suivant.

3. **Les émeutes de 1929.** – Le grand mufti, qui tente d'amener le conflit sur le terrain religieux, met en place en novembre 1928 un « comité pour la défense des lieux saints musulmans à Jérusalem ». Autour du *Kotel*, haut lieu du judaïsme, il multiplie les faits accomplis perçus comme autant de provocations, auxquelles les partisans de Jabotinsky veulent répondre le 15 août 1929 en défilant devant le Mur, arborant le drapeau sioniste. Le lendemain, une contre-manifestation musulmane hurle : « Le Mur est à nous » et appelle à « égorger les Juifs ». La tension monte, nourrie dans la communauté musulmane par la rumeur selon laquelle les Juifs se lanceraient à l'assaut de l'esplanade des mosquées. La communauté juive, elle, est assaillie de rumeurs de massacres. Le vendredi 23 août, avant même la fin de la prière, des

1. B. Morris, *Victimes…*, *op. cit.*, p. 155.
2. En février 1929, les conseillers juridiques du gouvernement avaient jugé que le Mur ne pouvait pas être considéré comme un sanctuaire « purement musulman ».

musulmans quittent la mosquée pour se lancer à l'assaut du quartier juif de la Vieille Ville (qui jouxte l'esplanade des Mosquées) et du quartier de Méa Shéarim, exclusivement peuplé de Juifs orthodoxes. Sur leur passage, ils frappent, mutilent et tuent.

Des policiers arabes refusent de tirer. Les forces britanniques sont submergées, tandis que la Haganah, épaulée par quelques Arabes chrétiens venus au secours de leurs voisins juifs, parvient difficilement à protéger certains quartiers. La violence s'étend hors de Jérusalem les jours suivants, elle gagne même le 25 août les faubourgs de Tel-Aviv et le quartier juif de Haïfa saccagé et meurtri (23 morts). Les pires massacres ont lieu à Hébron où vivent 600 Juifs ultra-orthodoxes. Le samedi 24 août 1929, en deux heures, 67 Juifs y sont assassinés. Le chef de la police anglaise à Hébron, Raymond Cafferrata, témoigne devant la commission d'enquête britannique : « Lorsque j'entendis des cris dans une pièce, je remontai une sorte de couloir ou un tunnel, et vis un Arabe en train de couper la tête d'un enfant avec une épée[1]. » Escortée par les Anglais, la communauté juive de Hébron quitte la ville deux jours plus tard. Au nord, en Galilée, 26 Juifs sont assassinés à Safed le 24 août et 18 autres le 29 août, des meurtres accompagnés d'atrocités. Au total, on déplore la mort de 133 Juifs et de 116 Arabes, ces derniers en majorité abattus par la police britannique selon le rapport de la commission d'enquête britannique présidée par Sir Walter Shaw (mars 1930).

Les contemporains demeurent « sidérés » [*sic*] par le caractère « barbare » de l'émeute. « Parmi les tués, écervelés, égorgés par nuque, par face, enlevé testicules d'un rabbin et brûlé, deux mains gauches de femmes », note le sénateur français Justin Godart, qui trois ans plus tôt avait fondé l'association France-Palestine.

> Un paralytique tué et enlevé les yeux, violé sa fille et coupé les seins. Un boulanger lié pieds et mains attachés, un primus (bec de gaz) et mis sa tête sur le réchaud. [...] Un beau-père,

---

1. Cité in N. Weinstock, *Terre promise...*, *op. cit.*, p. 202.

fils du rabbin, faisait sa prière on l'a scalpé et ôté cervelle, belle-mère coupé le ventre et retiré les intestins[1].

Le récit arabe des événements n'évoquera pas ces massacres : « Les mémorialistes arabes, commente Henry Laurens, [...] considèrent comme tout à fait légitimes les actes commis durant les violences et passent sous silence le fait que les victimes ont surtout été des civils sans défense, des femmes et des enfants, alors qu'ils s'indignent des représailles juives[2]. » À quelques exceptions près, la Haganah s'est montrée incapable de protéger les siens. Les dirigeants du Yishouv entendent désormais transformer cette modeste milice en petite armée.

Ces émeutes radicalisent les deux camps. Dans le Foyer national juif où le pessimisme gagne du terrain, on est désormais convaincu que la force sera déterminante. Le camp arabe, lui, se sent menacé par une immigration juive qui s'intensifie. Huit cent soixante personnes (dont 700 Arabes) sont traduites en justice, 28 condamnations à mort sont prononcées[3], dont deux contre des accusés juifs. La répression anglaise dévaste plusieurs villages arabes qui avaient alimenté la guérilla, parmi eux Lifta et Deir Yassin près de Jérusalem.

Le rapport de la commission d'enquête, remis en mars 1930, impute l'« entière responsabilité des violences » aux Arabes, mais récuse le caractère « prémédité » de l'événement. Par « mesure d'apaisement », il préconise de mettre un terme à une « immigration juive excessive ». Inquiète, la diaspora juive se montre solidaire d'un Foyer national où le projet sioniste semble marquer le pas et où plusieurs dirigeants se mettent même à douter de la possibilité d'un avenir *national* sur cette terre. Sur le terrain, la fragile confiance établie entre Juifs et Arabes au cours des années 1920 vole en éclats.

---

1. Cité *ibid.*, p. 201.
2. In H. Laurens, *La Question de Palestine II*, *op. cit.*, p. 175.
3. Trois personnes sont effectivement exécutées en juin 1930.

CHAPITRE VI

Les années de rupture (1929-1937)

I. – La politique anglaise en Palestine

En mai 1930, à Londres, à la délégation palestinienne qui demande l'interdiction des transactions foncières au bénéfice des Juifs, le pouvoir britannique rétorque que tous les membres de la délégation, à l'exception du seul Jamal al Husseini, ont vendu des terres aux organisations juives et qu'ils sont donc peu crédibles. Les négociateurs arabes qui plaident en faveur d'une *autonomie* se heurtent à un refus absolu du gouvernement anglais, ce qui contribue à décrédibiliser ces notables et à favoriser la « radicalisation » de la jeunesse.

Au début des années 1930, des voix anglaises de plus en plus nombreuses se demandent si la déclaration Balfour n'a pas été une « erreur monumentale » [*sic*][1]. Le rapport de la commission Shaw[2] insiste sur le problème des paysans privés de terre et sur la crise foncière qui se mue en crise générale de la société palestinienne. L'endettement de la paysannerie, couplé à une croissance démographique exceptionnelle, rend en effet la situation explosive. En août 1930, pour la première fois un haut fonctionnaire britannique, John Hore Simpson, évoque le « transfert des Arabes » dans une Transjordanie séparée de la Palestine en 1922.

Face à cette situation périlleuse, Londres publie en octobre 1930 un nouveau *Livre blanc* signé par le secrétaire d'État aux colonies, lord Passfield. Il se prononce

1. Cité in B. Morris, *Victimes…*, *op. cit.*, p. 134.
2. Voir *supra*, p. 38.

contre la création de nouvelles implantations et l'arrivée de nouveaux immigrants[1]. La partie arabe est satisfaite. Le mouvement sioniste, lui, se mobilise contre le nouveau *Livre blanc*. Quatre mois plus tard, mi-février 1931, MacDonald en annule les principales recommandations, provoquant l'indignation de la partie arabe. Il semble que l'action de lobbying de Haïm Weizmann et des milieux sionistes ait été efficace, confortée peut-être aussi par la menace d'un retrait de capitaux.

Le revirement de MacDonald nourrit la « radicalisation » de la révolte palestinienne alors que la reprise de l'immigration juive en 1931-1932 accroît son inquiétude. Plusieurs partis politiques envisagent des actions de désobéissance civile. De nombreux défilés de protestation contre le flux de l'immigration juive sont organisés, assortis d'un mot d'ordre de grève générale fixé au 13 octobre 1933. Ce jour-là, les manifestations dégénèrent en émeutes qui induisent de nouveaux cortèges de protestation, comme celui du 27 octobre 1933 qui, à Jaffa, se termine dans le sang (12 manifestants tués). La grève gagne alors l'ensemble du pays, des émeutes éclatent à Naplouse et à Haïfa pour la première fois dirigées prioritairement contre les Britanniques.

La grève cesse le 2 novembre sans avoir éteint les motifs d'inquiétude qui au contraire vont croissant. En 1935, en effet, l'immigration juive est au plus haut avec 60 000 arrivées en une seule année. En réponse, l'effervescence nationaliste se traduit par la multiplication des partis politiques et la mise sur pied en 1934 d'un gouvernement embryonnaire, le Haut Comité arabe. Cela étant, le mouvement national n'est pas moins divisé entre des élites jeunes, diplômées et politiquement plus radicales, et de vieilles élites, politiquement plus modérées, constituées de grands propriétaires fonciers. Un clivage déjà perceptible en 1919 quand les jeunes activistes issus des classes moyennes, plus instruits, se montraient plus radicaux que leurs aînés.

1. Jusqu'en 1945, selon les rapports britanniques, les organisations juives auraient acheté 158 000 ha de terres (dont 94 000 entre 1920 et 1945) sur les 2,7 millions que compte la Palestine mandataire.

C'est sur cet arrière-fond de tensions qu'a lieu en 1935 le premier épisode insurrectionnel. Il est mené par un Syrien, Ezzedine al Qassam, émigré à Haïfa en 1921 après l'échec de la révolte syrienne contre l'occupation française. Excellent orateur, érudit en matière religieuse, il recrute discrètement des « éléments révolutionnaires » qu'il organise en groupes clandestins de cinq membres chacun. Après avoir adhéré à l'*Istiqlal*[1] en 1932, il collecte de l'argent en vue d'acheter des armes et voit sa popularité grandir dans le bidonville de Haïfa où s'entassent des paysans chassés par la misère. En 1935, Al Qassam a déjà recruté 200 membres et 800 sympathisants.

L'accélération de l'immigration juive précipite la décision du soulèvement. Dans la nuit du 12 novembre 1935, Al Qassam et 25 de ses partisans armés quittent Haïfa pour rejoindre la région de Jénine afin d'appeler à un soulèvement rural « contre les Juifs et les Anglais ». Ils sont repérés par les Anglais et le combat s'engage. Al Qassam et plusieurs de ses compagnons sont tués. Cinq autres sont capturés, les derniers disparaissent dans les collines. La mort d'Ezzedine al Qassam provoque un choc considérable dans la population arabe, en particulier dans le monde rural qui fait de lui un héros, voire un martyr. Les notables palestiniens, en revanche, refusent d'assister à ses obsèques. L'épisode Al Qassam témoigne du processus d'islamisation du combat palestinien alors que le mouvement national, lui, n'a encore obtenu aucune concession des Anglais ni aucun succès contre les sionistes. Cette fois, la puissance coloniale convient d'avoir sous-estimé la force du sentiment religieux.

Enfin, l'intérêt stratégique de la Palestine s'accroît au cours des années 1930, avec la menace italienne en Méditerranée et le nouveau rôle de Haïfa, débouché du pipeline de l'*Iraq Petroleum Company* (IPC) et base d'une industrie pétrochimique. Le Royaume-Uni décide d'en faire le pivot de son système militaire en Méditerranée orientale. Appelés à rester durablement en Palestine, les Anglais cherchent la voie d'un apaisement pérenne entre Juifs et Arabes. C'est

1. « Indépendance » en arabe. Le seul parti politique qui ne soit pas l'organe d'un clan.

dans ce contexte stratégique qu'éclate en avril 1936 la rébellion arabe la plus importante de l'entre-deux-guerres, une rébellion qui ne s'éteint qu'au printemps 1939 alors qu'en Europe les bruits de guerre se font plus précis. Il devient donc urgent pour Londres de se concilier les États arabes. Partant, d'abandonner le projet sioniste.

II. – Le Foyer national juif dans les années 1930

En 1933, l'arrivée au pouvoir des nazis à Berlin fait bondir l'immigration juive, moins d'Allemagne d'ailleurs que d'Europe centrale et orientale. En Palestine, la part de la population juive *a doublé* entre 1922 et 1931 (de 10 % à 20 %). Entre 1933 et 1935[1], la Palestine accueille 134 000 immigrants juifs. Cette immigration de classes moyennes apporte un capital privé qui contribue à l'essor économique du pays et rend compte de son urbanisation (la population de Tel-Aviv passe de 46 000 à 132 000 habitants entre 1931 et 1939). L'*alya* allemande renforce financièrement le Yishouv, l'*alya* polonaise le sauve démographiquement. Parallèlement, la croissance de la population arabe est forte elle aussi (2,8 % l'an), le *Livre blanc* anglais de 1939 la signalera d'ailleurs comme l'une des causes majeures de la crise[2]. En 1939, avec 1 070 000 Arabes[3] et 460 000 Juifs, le poids relatif de la population arabe a diminué, passant de 82 % en 1931 à 70 % environ en 1939[4].

Entre 1921 et 1946[5], les transferts fonciers réalisés au bénéfice d'acheteurs juifs représentent 30 % des transactions.

1. 37 400 arrivées en 1933, 45 300 en 1934, 66 500 en 1935, 29 717 en 1936, 10 536 en 1937, 12 868 en 1938 et 27 561 en 1939 ; voir tableau in H. Laurens, *La Question de Palestine II*, *op. cit.*, p. 274.
2. Cité *ibid.*, p. 433.
3. 950 000 musulmans et 120 000 chrétiens.
4. En novembre 1947, au moment de la décision du partage votée par l'ONU, la Palestine compterait près de 2 millions d'habitants dont 1 180 000 musulmans, 143 000 chrétiens et 630 000 Juifs (le 14 mai 1948, les Juifs sont au nombre de 644 000).
5. Cité in N. Weinstock, *Terre promise…*, *op. cit.*, p. 176. À la fin des années 1930, l'Agence juive consacre 40 % de ses dépenses à l'acquisition de la terre.

La propriété juive passe de 650 000 dounams en 1920 à 2 millions en 1947 pour une superficie totale de 27 millions de dounams. Cette extension est limitée par le manque de fonds publics (du KKL) et par le caractère surtout urbain du Yishouv alors que l'offre arabe reste importante. De nombreuses familles palestiniennes vendent des terres aux Juifs, c'est le cas dans les années 1920 d'un quart des 29 membres de l'exécutif arabe, y compris même de son président entre 1920 et 1934, Moussa Kazim al Husseini.

Selon les enquêtes anglaises réalisées entre 1919 et 1939, les transactions foncières au bénéfice des Juifs entraînent le départ d'environ 1 600 familles de métayers, soit près de 10 000 personnes. Ce chiffre, basé sur la définition anglaise des expulsions, est probablement sous-évalué, et surtout il ne rend pas compte de l'ampleur de la crise de l'agriculture palestinienne. L'impressionnante flambée des prix du foncier (le prix moyen du dounam passe de 5,30 £ en 1929 à 23,3 en 1935[1]) est due, pour partie, à la demande du secteur juif et bien plus encore à la croissance démographique de la société arabe. La hausse du prix de la terre est telle que de nombreux propriétaires sont incités à vendre, y compris à des Juifs, en dépit des mises en garde, des menaces et des sermons sur la « patrie vendue par morceaux ».

Alors que la croissance économique au cours des années 1930 ne se dément pas, la part de la population juive employée dans l'agriculture passe de 18 % en 1931 à 15,5 % en 1939. Pourtant, l'agriculture continue à accaparer la majorité des investissements collectifs. Ce paradoxe apparent est d'ordre politique : il est lié au souci du mouvement sioniste de contrôler le territoire par un maillage d'implantations. De là, la constitution d'un peuplement en archipel facilité par la révolution des transports, des communications et de l'énergie. Une société nationale hébraïque se constitue au cours des années 1930, qui annonce l'État juif avec une population juive hébréophone à 95 % à la fin de la décennie (40 % en 1914), faisant de Tel-Aviv avant 1948 le premier centre de culture

1. Une livre palestinienne vaut 1 £.

hébraïque dans le monde. Cet essor stimule une économie arabe en pleine croissance, en particulier dans les régions à fort peuplement juif. « Généralement parlant, note un rapport anglais en 1937, les Arabes avaient bénéficié, par la vertu de l'exemple, du développement du pays grâce à l'immigration juive[1] », des disponibilités monétaires accrues grâce aux transactions foncières, une situation sanitaire améliorée par la diminution des cas de malaria et de paludisme dans de nombreux villages arabes.

Après les émeutes de 1929, la société juive paraît de plus en plus inquiète quant à l'issue du conflit. D'autant qu'en 1933-1934, les rares rencontres que Ben Gourion engage avec la partie arabe[2] aboutissent à une impasse. La radicalité du refus arabe fait vaciller certains engagements et pousse parfois à l'abandon tandis que d'autres, au contraire, envisagent désormais l'épreuve de force. C'est vrai en particulier depuis le début des années 1920 de la branche du sionisme (« révisionniste ») incarnée par la figure de Zeev Jabotinsky qui récuse la « politique de retenue » (*havlaga*) prônée par les chefs socialistes du Yishouv, une « retenue » dont ces militants estiment que, loin de la voir comme une main tendue, la société arabe la perçoit comme une preuve de faiblesse.

Mais la majorité du mouvement sioniste, acquise au socialisme pacifiste né de la Grande Guerre, rejette ces positions. Politique, elle ajoute que la constitution d'une force armée juive obligerait les autorités mandataires à accorder la même concession aux Arabes, bien plus nombreux. D'autant qu'une partie de l'élite britannique cache à peine son antisionisme, sinon son antisémitisme. Faire « profil bas » n'est donc pas une « preuve de faiblesse », seulement la conscience d'un rapport de force défavorable aux Juifs. La rupture est consommée en 1935 quand Jabotinsky et les sionistes révisionnistes fondent leur propre organisation.

La révolte arabe d'avril 1936 précipite l'évolution du sionisme ouvrier vers un éthos offensif marqué en 1937-1938

---

1. Cité in A. J. Mayer, *De leurs socs, ils ont forgé des glaives. Histoire critique d'Israël* (2008), trad. O. Demange, Paris, Fayard, 2009, p. 238.
2. Voir *infra*, p. 50.

par la création au sein de la Haganah des « compagnies de campagne » (*Plougot Sadé*), sous l'influence de l'officier écossais Orde Charles Wingate, fervent chrétien et prosioniste, dont le bref passage en Palestine (1938-1939) fait de lui l'un des principaux artisans d'une nouvelle politique destinée à porter l'offensive chez l'adversaire.

À mesure que les violences séparent les populations, la partition se dessine. À l'instar des milliers de Juifs de Jaffa qui partent s'installer à Tel-Aviv, les Juifs quittent les « zones mixtes ». La partition est en cours également sur le plan économique qui met face à face deux sociétés dissemblables et deux secteurs économiques qui, l'un et l'autre, aspirent à de plus en plus d'autonomie. Ainsi la politique du sionisme se présente-t-elle à fronts renversés : la frange bourgeoise prône le mélange des populations quand la frange ouvrière, elle, prône un « développement séparé », lequel répond au refus des maîtres d'œuvre arabes d'embaucher une main-d'œuvre juive dans les villes arabes et dans le port de Jaffa, comme d'autoriser les entreprises juives à participer à la construction de bâtiments publics. On assiste dès lors très tôt à un double mouvement d'exclusion qui ouvre pour les deux peuples le chemin d'une partition pourtant récusée par tous.

III. – La société palestinienne : mutations et divisions

Dans l'entre-deux-guerres, la société arabe, majoritairement paysanne (68 % de la population en 1931), est bouleversée par les progrès de l'urbanisation et un énorme exode rural. Alors en pleine croissance[1], son économie est toutefois grevée par un exceptionnel essor démographique dû au recul de la mortalité infantile : – 27 % entre 1921 et 1939, alors que la baisse n'est que de 7 % en Transjordanie et de 9 % en Égypte dans le même laps de temps.

1. PIB + 6,5 % par an et + 3,6 % pour le revenu par habitant. Sa part dans le produit intérieur net régresse (de 81 % en 1922 à 56 % en 1931).

À partir des années 1930, une élite jeune et instruite prend peu à peu en main le combat nationaliste, mais elle se heurte rapidement aux logiques claniques régissant une société palestinienne dominée par quelques familles de grands propriétaires fonciers qui, de génération en génération, se partagent les postes (cadi, mufti...) par le biais d'un vaste réseau fait de rapports d'allégeance, de reconnaissance et de solidarités familiales minant toute procédure démocratique de nomination. La vie politique de la Palestine est à l'image de cette structure clanique, émiettée : entre 1932 et 1935, six partis politiques sont créés pour une population d'à peine 1 million d'habitants, et chacun de ces partis, à l'exception de l'Istiqlal qui se réclame du panarabisme, est lié à un clan. Les oppositions claniques réveillent des différends ancestraux et nourrissent une logique de vendetta illustrée en particulier par l'affrontement entre les Husseini et les Nashashibi qui, à partir de juillet 1938, avec le soutien des Anglais (et discrètement celui de l'Agence juive), mettent sur pied des « bandes de la paix » rassemblant des villages opposés au soulèvement en particulier dans les régions de peuplement druze.

L'élite palestinienne s'emploie enfin à écarter les Juifs de toute représentation politique. Ainsi, majoritaires à Jérusalem depuis 1850, les Juifs ne participent à aucun des organes municipaux de la ville et sont même privés de délégué au sein du conseil municipal à partir des années 1930.

L'expansion européenne et l'ouverture du canal de Suez (1869), l'intérêt porté par le sultan aux provinces arabes de son empire, l'immigration juive enfin causent, avant 1914, une attractivité nouvelle de la Palestine qui en fait le foyer d'une immigration arabe (ou musulmane) en quête d'emploi : Bédouins sédentarisés, *fellahin* d'Égypte et du Soudan, journaliers de Damas et d'Alep, Druzes libanais, Marocains, Bosniaques, Albanais, Turcs, Circassiens, Kurdes, Caucasiens et même 13 000 Algériens qui accompagnent l'émir Abdelkader dans son exil[1]. Les implantations créées

1. Ceux-là vont constituer près de la moitié de la population arabe de Safed en Galilée.

par l'immigration juive à partir des années 1880 attirent elles aussi la main-d'œuvre arabe, comme le montre la forte croissance démographique de Jaffa qui passe de 2 500 habitants en 1800 à près de 50 000 en 1914.

La domination anglaise en Palestine à partir de 1917 va stimuler l'économie locale durant plusieurs décennies par le truchement de grands travaux (camps militaires, construction de routes, de chemins de fer, de raffineries) qui nécessitent de gros besoins en main-d'œuvre. Les Anglais vont la trouver dans les pays arabes voisins. Aussi la population arabe de Palestine double-t-elle entre 1922 et 1942 (de 600 000 à 1 200 000 habitants) alors que dans le même temps la population égyptienne n'augmente que de 25 %. Cette forte croissance est surtout le fait des zones de peuplement juif. Par contraste, la croissance est faible à Gaza, Naplouse et Ramallah où la présence juive est inexistante. Inquiet, le mouvement sioniste lance en 1933 une campagne contre « l'immigration arabe illégale » qui vise en particulier les paysans syriens venus travailler à la construction du port de Haïfa inauguré cette année-là.

Le mode de propriété distingue entre terres privées et terres communautaires, mode individuel et mode collectif. En 1923, 56 % des 753 villages de Palestine relèvent du mode collectif qui protège relativement bien les tenanciers, un pourcentage qui tombe à 44 % en 1930[1]. Dès le mitan du XIXe siècle, un grand nombre de paysans sont réduits à travailler comme journaliers agricoles. D'autres, ruinés, s'entassent à la périphérie des grandes villes pour s'y faire embaucher comme main-d'œuvre non qualifiée et sous-payée. Ce processus de prolétarisation de la paysannerie pauvre se retrouve dans l'ensemble du Proche-Orient où l'économie de marché dissout les structures agraires anciennes et chasse les paysans de leur environnement d'origine.

À l'origine de cette crise, les taux léonins de l'usure (entre 40 et 50 %) ruinent les paysans. Avec les intérêts composés et les majorations diverses, le taux d'intérêt annuel

1. La carte du peuplement juif de la Palestine recoupe celle du mode de propriété individuel.

pesant sur le *fellah* peut dépasser 200 % en fin de course[1]. Les paysans palestiniens sont pris dans l'engrenage de la dette qui les dépossède de leurs terres au profit des grands propriétaires. Ce à quoi s'ajoutent un taux d'imposition élevé et des contrats de métayage (les plus nombreux) qui accordent près de 50 % de la récolte aux propriétaires.

Pour sortir de la spirale de l'endettement, des milliers de paysans vendent leurs terres ou résilient leur bail, ce qui signifie à court terme le déracinement et à plus long terme la ruine. Dans l'entre-deux-guerres, 30 % des 87 000 familles paysannes arabes ne possèdent pas un seul arpent. La « vente de terres aux sionistes » (9 % des métayers arabes évincés le sont à la suite d'acquisitions juives[2]) est la conséquence de cet appauvrissement, non la cause[3]. Pour nourrir des familles plus nombreuses, les paysans cherchent à cultiver plus de terres. Leur nouveau loyer aggrave leur endettement. C'est le début du cercle vicieux.

Modestes *en volume*[4], les ventes de terres à des acquéreurs juifs font l'objet d'interdictions réitérées. Le 29 décembre 1934, une *fatwa* lancée par le grand mufti assimile les ventes de terres aux Juifs à un péché contre l'islam. Une *fatwa* de même nature avait déjà été émise par le mufti de Gaza en 1925[5]. Ces ventes de terres sont *l'une des causes* de la crise de la société palestinienne. Pourtant, la mémoire collective ne va retenir qu'elle au détriment de l'entrée du pays dans le surpeuplement, comme le montre l'envolée du prix de la terre qui double entre 1928 et 1931 (alors que ces années-là l'immigration juive est en recul[6]), et double à nouveau entre 1933 et 1935.

---

1. Cité in N. Weinstock, *1891-1907. Le mouvement sioniste découvre l'existence des Arabes de Palestine,* Paris, Honoré Champion, 2016, p. 60.
2. Voir N. Weinstock, *Terre promise...*, *op. cit.*, p. 216.
3. Voir le témoignage d'un paysan daté du 24 août 1930 cité in A. W. Kayyali, *Une histoire de la Palestine...*, *op. cit.*, p. 176.
4. Voir H. Laurens, *La Question de Palestine II*, *op. cit.*, p. 136.
5. Voir T. Séguev, *C'était en Palestine au temps des coquelicots*, trad. K. Werchowski, Paris, Liana Levi, 2000, p. 329.
6. Voir *supra*, p. 42.

IV. – Le refus arabe

Le Comité exécutif arabe, composé de 48 membres, est la première direction palestinienne issue par voie électorale des Congrès nationaux dont le dernier, tenu en 1928, met en place un comité exécutif permanent (26 musulmans et 12 chrétiens) dissous en 1934 à la mort de son président Moussa Kazem al Husseini. Cet organisme d'apparence démocratique fonctionne en réalité comme une oligarchie dominée par les grandes familles, en particulier par les Husseini qui monopolisent les postes importants.

En 1924, la fin du califat décidée par la Turquie de Mustafa Kemal traumatise l'ensemble du monde musulman qui cherche un substitut à la souveraineté et à l'espérance perdues. Amin al Husseini va contribuer à cristalliser autour de la Palestine et de Jérusalem les frustrations et les blessures récentes de ce monde. Le Congrès islamique qu'il réunit à Jérusalem en décembre 1931 est une étape importante de l'islamisation de la cause palestinienne, l'islam apparaissant déjà au sein du monde arabe comme un agent unificateur plus puissant que le nationalisme.

L'intensification de l'immigration juive à partir de 1932 radicalise la position arabe. Elle prend la forme d'une résistance mieux organisée par le biais des « patrouilles de vigilance » (interdites par les Anglais) qui tentent de bloquer l'immigration clandestine le long du littoral, voire militarisée avec l'épisode Al Qassam[1] et la naissance de mouvements de jeunesse professant un nationalisme strictement ethnique. À l'instar du mouvement de jeunesse *Al Futuwwa* (du Parti arabe palestinien, du clan Husseini) dont les 70 premières recrues prêtent ce serment : « La vie, mon droit ; l'indépendance, mon idéal ; l'arabisme, mon principe ; la Palestine, mon pays, il n'y a de place que pour les Arabes. Voici ma profession de foi, Allah m'en est témoin[2]. »

---

1. Voir *supra*, p. 40.
2. In B. Morris, *Victimes…*, *op. cit.*, p. 143.

À partir du soulèvement de 1936, la solidarité avec la Palestine s'affirme davantage dans le monde arabe, non sans arrière-pensées comme on le verra en 1948. Les politiques arabes tentent de structurer la ferveur nationaliste au congrès de Bludan (Syrie, 8 septembre 1937) qui, à l'offre de conciliation proposée par le Congrès sioniste de Zurich au mois d'août précédent, réagit par l'opposition réitérée « à la création dans ce pays d'un État juif ». Un Congrès interparlementaire des pays arabes et musulmans consacré au « problème palestinien » se tient au Caire en octobre 1938, dont les 2 500 délégués, venus du Maroc jusqu'à l'Inde, affirment d'un commun accord la « nullité de la déclaration Balfour ». Amin al Husseini joue habilement de la crainte des colonialismes anglais et français en terre d'islam de voir s'étendre le soulèvement jusque dans leurs empires.

Conscients dès le début des années 1920 de la dangerosité de la situation, les Britanniques proposent plusieurs offres de compromis, depuis les élections générales (février 1923) jusqu'au *Livre blanc* de mai 1939. Elles sont toutes refusées par le mouvement national palestinien. Au fil des années, toutefois, cette politique apparaît de moins en moins réaliste parce que entretemps le Foyer national juif est devenu une force démographique qui constitue jusqu'à un tiers de la population en 1946.

V. – La révolte ouverte (1936)

1. **Le dialogue interrompu.** – Pourtant, en dépit des tensions et des violences, des contacts sont maintenus, en premier lieu parce que l'administration britannique oblige Juifs et Arabes à coopérer dans sa politique de grands travaux. Les contre-exemples sont toutefois nombreux, qui voient les dirigeants des deux bords freiner toute coopération. La Histadrout, par exemple, empêche la constitution de syndicats mixtes arabo-juifs parce que, explique-t-elle, ils iraient à l'encontre du projet national juif. Dans la société arabe, toute coopération avec les Juifs est perçue comme une trahison qui peut conduire à la mort. Pour cette raison, Faouzi al Husseini

et Fakhri al Nashashibi, deux personnalités connues, sont assassinées pour avoir rejoint des organisations judéo-arabes prônant une structure politique binationale. En 1937, un dirigeant de l'Union palestinienne est assassiné pour la même raison, de même que, dix ans plus tard, en 1947, le responsable syndical arabe Samy Taha.

Pourtant, on relève aussi plusieurs exemples de coopération spontanée entre Juifs et Arabes en matière de luttes sociales, avec la création en 1920 des premiers syndicats mixtes de Palestine dans les ateliers et les chantiers de chemin de fer, puis dans les services télégraphiques et postaux. Les exemples de coopération dans la vie quotidienne sont plus nombreux que ne le laisse entendre le récit d'un si long conflit, et des combats communs unissent parfois travailleurs juifs et travailleurs arabes, comme en 1935, à Haïfa, la grève des dockers et celle du personnel (juif et arabe) de la compagnie de chemin de fer. Même si, *in fine*, les directions politiques des deux bords contraignent « leurs » travailleurs à se replier sur leurs syndicats « nationaux ».

Car les forces de freinage demeurent en effet les plus puissantes. En 1931, Haïm Weizmann se rend en Palestine dans le but d'y rencontrer des dirigeants arabes, mais aucun d'eux n'accepte de le recevoir. Brit Shalom se saborde en 1933, mais le mouvement pacifiste juif perdure, animé par Haïm Kalvarisky, qui crée en 1935 l'éphémère association *Kedma Mizra'ha* (« Vers l'Orient »). Une troisième tentative a lieu en 1939 avec la « Ligue pour le rapprochement judéo-arabe » qui regroupe des anciens du Brit Shalom et de nombreux immigrants d'Europe centrale, mais cette fois encore le silence de la partie arabe condamne cette tentative à l'impuissance.

Élu à la tête du département politique de l'Agence juive en 1933, Ben Gourion cherche à s'entretenir avec les dirigeants arabes et rencontre plusieurs d'entre eux en 1934. À commencer par Moussa al Alami, un dirigeant respecté devant lequel il plaide en faveur d'un État juif en Palestine qui serait pour tous une « source de prospérité ». Al Alami lui répond qu'il préfère que « le pays reste désolé pour un siècle de plus dans l'attente que les Arabes aient le moyen de le développer »[1]. Les rencontres avec quatre autres dirigeants arabes entre juin et septembre 1934 n'aboutissent pas davantage.

Au milieu des années 1930, la Ligue palestinienne des droits de l'homme (fondée en 1935) constitue avec le parti communiste une dernière passerelle de dialogue. Le parti communiste, en effet, est la seule formation politique à accueillir les Juifs (sur une base antisioniste) et les Arabes. Mais la politique d'arabisation qu'il mène à partir de 1934 conduit la plupart des Juifs à s'en éloigner pour fonder en 1937 une « section juive » au sein du parti lui-même, avant d'en être expulsés en 1939. En août 1940, les communistes juifs fondent leur propre parti communiste[2].

2. **Les premiers mois du soulèvement.** – La rébellion commence le 15 avril 1936 sur une route du centre du pays. Des anciens du groupe Al Qassam assassinent trois chauffeurs juifs. C'est dans les villes mixtes qu'en premier lieu la violence se déchaîne contre les Juifs qui constituent 80 % des victimes ces premiers jours. L'émeute qui se propage à la Palestine tout entière recueille l'assentiment d'une grande partie de la population arabe. Les six partis politiques mettent sur pied le Haut Comité arabe (8 membres) qui, le 25 avril 1936, succède à l'exécutif arabe mis en place à Naplouse six jours plus tôt.

Dans les premiers mois du soulèvement, quelques rencontres ont encore lieu entre Juifs et Arabes sous l'égide du haut-commissaire Wauchope. Le 17 avril 1936, par exemple, George Antonius, un intellectuel arabe influent, explique à David Ben Gourion que les Juifs doivent se résigner à demeurer une minorité protégée dans l'État arabe de Palestine[3]. Refus de l'exécutif sioniste qui n'entend pas

1. Cité in H. Laurens, *La Question de Palestine II*, *op. cit.*, p. 284.

2. Officiellement, ce n'est qu'en mai 1943 que ces partis mono-ethniques se constituent, consacrant l'échec de l'internationalisme dont ils se réclament.

3. Les Arabes évoquent un seuil maximum de 40 % de Juifs (30 000 immigrants par an sur une période de dix ans), et la réunification de la Palestine et de la Transjordanie, cette dernière devenant un territoire ouvert à l'immigration juive. Le projet Judah Magnes-George Antonius, lui, évoque une Palestine indépendante et une autonomie communautaire des Juifs dont la population ne devra pas dépasser 49 % du total.

renoncer à la souveraineté étatique. Ces tractations se déroulent toutes à l'initiative des Juifs, en particulier du rabbin Judah Magnes.

Au sixième jour du soulèvement, le 20 avril 1936, le Comité national appelle à la grève générale et au boycott des produits anglais et juifs. De façon spontanée, des magasins avaient déjà fermé. Ici et là, dans les régions rurales, se constituent des « comités nationaux de la révolte » qui refusent de payer l'impôt et s'opposent à l'installation de postes de police. Au sein du Haut Comité arabe, Awni Abd al Adi coordonne les comités nationaux réunis le 7 mai 1936 lors d'un Congrès national. Mais dans les villes, de nombreux services sont en activité, et la plupart des fonctionnaires arabes employés par l'administration britannique (qui menace de les licencier en cas de grève) sont à leur poste. C'est aussi le cas de la majorité du personnel arabe des chemins de fer et des télégraphes, des travailleurs du port de Haïfa, des employés municipaux. À la campagne, enfin, c'est la saison des semailles ou des moissons. La grève ne réussit donc pas à paralyser le pays, mais elle dure jusqu'à la mi-octobre 1936, pénalisant les villageois arabes empêchés de vendre leurs produits dans les villes.

La colère de la paysannerie arabe est exacerbée par la sécheresse des années précédentes et la baisse des récoltes, une colère qui vient se greffer sur la crise structurelle de la paysannerie arabe. C'est sur cet arrière-plan social que la rébellion prend majoritairement le visage d'une guérilla rurale qui coupe les routes, principal point faible d'un peuplement juif dispersé. L'insécurité devient générale, en particulier dans les villes mixtes : Jaffa est la cible de 41 attentats en mai 1936 ; Haïfa, de 35. Des Juifs isolés sont assassinés dans les campagnes. Sur la route Tel-Aviv-Jérusalem, principal axe routier du Yishouv, les véhicules juifs se déplacent en convois après avoir été recouverts de dérisoires plaques de métal en guise de blindage. Dans les exploitations juives, 200 000 arbres de vergers sont déracinés.

La guérilla rurale qui se concentre dans des régions difficiles d'accès (Galilée), où la présence juive est souvent insignifiante, repose sur trois cercles concentriques de mobilisation.

Elle met en branle des unités hétéroclites qui relèvent toutefois des mêmes clans et sont ravitaillées par les villages environnants (65 % des chefs rebelles sont des villageois). Dans un premier temps, sa souplesse de mouvement, alliée à une connaissance parfaite du terrain, est une force. À la longue, cette absence de structuration est une faiblesse aggravée par les divisions et le manque d'expérience militaire.

En juin 1936, après la fin des récoltes, de véritables unités constituées chacune d'une cinquantaine de combattants voient le jour (au total 4 000 combattants permanents), qui donnent à l'insurrection une allure plus clanique (et musulmane) que nationaliste au sens moderne du terme. De là cette particularité surprenante pour une révolte d'essence nationale, l'inexistence d'un drapeau palestinien. Au fil des mois, la guérilla se substitue au pouvoir ordinaire en s'appuyant sur la *sharia* (loi islamique), témoin d'un processus d'islamisation qui écarte peu à peu la composante chrétienne de la société arabe. Sur 282 commandants du soulèvement étudiés par l'historien israélien Yehoshua Porath, on ne compte que 4 chrétiens (1,5 %), alors qu'ils représentent 9 % de la population arabe de Palestine[1].

Dès la fin de l'été 1936, le monde arabe s'implique dans le combat par le biais de bandes d'irréguliers syriennes, irakiennes ou transjordaniennes, à l'instar du groupe irakien dirigé par Al Qawuqji qui se pose en « commandant en chef » de la rébellion à partir du mois d'août 1936. Une rébellion qui se montre menaçante envers les éléments les plus réservés extorque des fonds aux familles aisées, précipitant leur départ vers le Liban ou l'Égypte. Elle réveille les rivalités ancestrales, « la société arabe palestinienne [...] est ainsi happée par une spirale de vendetta et contre-vendetta qui finit de l'épuiser[2] ».

La rébellion est soutenue depuis l'étranger par l'Italie, qui finance les rebelles dans le souci de contrer le Royaume-Uni en Méditerranée ; par l'Allemagne nazie aussi, qui

1. Cité in N. Weinstock, *Terre promise...*, *op. cit.*, p. 255.
2. H. Laurens, *Le Retour des exilés. La lutte pour la Palestine de 1869 à 1997*, Paris, Robert Laffont, « Bouquins », 1998, p. 517.

approvisionne la rébellion en argent et en armes, mène une campagne de propagande en sa faveur, mais se refuse à intervenir plus avant en dépit des demandes réitérées du grand mufti. Pour apaiser la situation, Londres sollicite la médiation de l'Arabie saoudite et de l'Irak, son ancien mandat, où le ministre des Affaires étrangères, Nouri al Saïd, propose coup sur coup deux plans de règlement qui maintiennent les Juifs en situation de minorité. D'où le refus de l'exécutif sioniste. Au printemps 1936, à son tour, l'émir Abdallah propose aux dirigeants sionistes de favoriser le développement d'un « Foyer juif » dans son émirat, mais privé de toute forme de souveraineté nationale. L'Agence juive refuse à nouveau. Le Haut Comité arabe met en garde : « Tant que les Juifs voudront construire un Foyer national en Palestine, aucune vie pacifique ne sera possible ici. Une fois que les Anglais auront retiré leurs mains de ce pays, nous nous précipiterons pour jeter et chasser tous les Juifs dans la mer[1] ! »

3. **Le Foyer national juif face à la rébellion arabe.** – Témoins et victimes sont frappés par la cruauté ostentatoire de certains assassinats tels qu'ils sont rapportés par la presse du Yishouv. Cette violence ébranle les partisans du dialogue et interroge l'avenir du Foyer national juif. En diaspora, elle démoralise plusieurs postulants à l'immigration. Partout, enfin, elle constitue un choc décisif qui radicalise en retour une partie de la jeunesse juive.

Débordés dans un premier temps, les Anglais envoient 20 000 hommes en renfort et distribuent des armes aux implantations juives isolées en autorisant la Haganah à prendre en charge la protection de l'ensemble des localités juives. Pour ce faire, 2 700 policiers juifs surnuméraires (*Notrim*) sont recrutés. Pour autant, Londres, qui craint de voir altérer ses relations avec le monde arabe où le soulèvement est populaire, y compris jusque dans le lointain Maghreb, limite l'immigration juive dès mai 1936, fait

1. Cité in K.-M. Mällmann et M. Cüppers, *Croissant fertile et croix gammée. Le IIIe Reich, les Arabes et la Palestine* (2006), trad. B. Fontaine, Lagrasse, Verdier, 2009, p. 33.

un usage mesuré de la force et ne proclame que tardivement la loi martiale (septembre 1936). L'autorité mandataire est rapidement convaincue que le grand mufti tient un double discours, hostile à la violence en public et soutien affirmé de la rébellion en coulisses, sans en être toutefois l'instigateur, mais par souci tactique elle choisit de le ménager jusqu'au printemps 1937.

Sur le terrain, la révolte est animée en priorité par une jeunesse radicalisée à laquelle les dirigeants politiques traditionnels emboîtent le pas au risque de se voir désavoués. Dans plusieurs villages, des notables jugés « trop mous » ont été abattus. À l'été 1937, poussé par la base, le grand mufti prend la tête du mouvement, même si depuis une année déjà il avait accepté de faire de l'esplanade des Mosquées l'état-major de l'insurrection.

La grève générale cesse le 12 octobre 1936. Elle aura duré 176 jours. Le Haut Comité arabe entame alors des négociations avec Londres, qui met sur pied, début novembre 1936, la commission Peel chargée d'éclairer les causes profondes de la rébellion et de proposer une solution au conflit. Arrivée en Palestine le 11 novembre 1936, la Commission est d'abord boycottée par le Haut Comité arabe qui se trouve bientôt prisonnier de sa décision[1]. Fin 1936, lord Peel annonce que la Commission rendra son rapport le 7 juillet 1937. Alors que la date approche, et que des rumeurs font état d'un projet de partage du pays, le grand mufti fait savoir qu'il refusera toute partition de la Palestine. Dès le lendemain de la publication, le Haut Comité arabe rejette officiellement le rapport Peel et en appelle au démantèlement immédiat du Foyer national juif. Dix jours plus tard, les Anglais tentent d'arrêter le grand mufti, mais Amin al Husseini a pris les devants en s'installant, avec sa famille, sur l'esplanade des Mosquées, où les Britanniques ne peuvent pénétrer. Il y reste près de trois mois, jusqu'à son exfiltration vers le Liban dans la nuit du 14 octobre 1937, où l'asile politique lui est

1. Soucieux de ne « pas perdre la face », il annonce le 5 janvier 1937 qu'à la « demande des souverains d'Irak et d'Arabie saoudite », il accepte d'être auditionné.

accordé par la France. Sa rupture avec Londres est alors définitivement consommée.

Dans le Yishouv, tandis que le découragement gagne du terrain, la dimension *politique* du soulèvement est souvent mal perçue. Les sectateurs d'une politique plus dure recrutent généralement dans les rangs du mouvement révisionniste, dont certains militants rejoignent en 1937 l'organisation militaire dissidente, l'*Irgoun Tsvaï Léoumi*[1]. La rébellion marque la rupture la plus grave dans les relations entre Juifs et Arabes. Elle enracine la conviction d'un conflit inéluctable. Dans le camp juif dominé par le mouvement travailliste, les thèses de Zeev Jabotinsky, majoritairement réprouvées avant 1936, gagnent désormais en crédit et nombreux sont alors ceux qui évoquent sa « lucidité » pour justifier une attitude plus offensive.

1. « Organisation militaire nationale ». Acronyme hébraïque : *Etzel*.

CHAPITRE VII

Le soulèvement et les perspectives de solution politique (1937-1939)

I. – L'échec du plan Peel (1937)

Le rapport de la commission Peel évoque un conflit « insoluble dans le cadre d'un seul État[1] » entre « deux communautés nationales » dont les « aspirations nationales sont incompatibles à l'intérieur d'un étroit et petit pays[2] ». Seule solution praticable, conclut-il, la création de deux États souverains par le partage du territoire mandataire, 17 % de la superficie aux Juifs (5 000 km^2 pour 30 % de la population) et 83 % du territoire aux Arabes. La Palestine arabe sera unifiée à la Transjordanie en vue de former un seul État indépendant. La commission préconise aussi le transfert de 225 000 Arabes vers l'État arabe et de 1 250 Juifs vers l'État juif. Enfin, le rapport fixe un « niveau maximal d'immigration » pour les cinq ans à venir (12 000 personnes par an) et conclut :

> Il est moralement peu valable de maintenir l'unité politique en Palestine au prix d'une haine, d'un conflit et d'un carnage perpétuels […]. Le partage semble offrir au moins une chance de paix ultime. Nous n'en voyons aucune dans tout autre plan.

En août 1937, le chef du Colonial Office explique que le « transfert » évoqué par le plan est une translation sur une

1. Cité in B. Morris, *Victimes…*, *op. cit.*, p. 158.
2. Cité in I. Black, *Enemies and Neighbours : Arabs and Jews in Palestine and Israël (1917-2017)*, Londres, Penguin Books, 2018, p. 79-80.

courte distance à l'intérieur d'un milieu de même culture, de même langue et de même religion[1].

Le plan suscite l'opposition de *tous les protagonistes*. À l'intérieur du camp sioniste, rares sont les voix prêtes à le soutenir, à l'instar de Ben Gourion et de Weizmann : « Il faut être des hommes de son temps avec des horizons limités et avec la conscience de la responsabilité envers les générations qui viennent[2] », explique Weizmann. « Les Juifs seraient stupides de ne pas l'accepter, poursuit-il, même si le territoire alloué avait la dimension d'un coin de table[3]. » Pour la majorité des Juifs du Yishouv, en revanche, le rapport Peel consacre la « défaite du sionisme », il fige une situation de « faiblesse temporaire ». Au vingtième Congrès sioniste (Zurich, 3 août 1937), à Katznelson qui propose de « temporiser » Ben Gourion répond : « L'État juif qui nous est offert aujourd'hui n'est pas l'objectif du sionisme. [...] Mais il peut servir d'étape le long du cheminement de la réalisation du sionisme[4]. » *In fine*, pourtant, le congrès de Zurich entérine le plan Peel (« la moins mauvaise des solutions », explique-t-on au sein du sionisme ouvrier) qui ouvre sur-le-champ les portes du pays aux réfugiés.

II. – Le refus arabe et la reprise de la rébellion (septembre 1937)

Côté arabe, les Nashashibi retirent rapidement leur accord, non seulement parce qu'ils sont menacés de mort, mais plus encore parce que leurs bases géographiques (le littoral et Jérusalem) sont laissées en dehors du futur État arabe. L'impasse est d'autant plus complète qu'Amin al Husseini, soulignent les auteurs du rapport, n'offre aucune garantie

1. « Il n'existe pas de sentiment proprement palestinien, explique Henry Laurens, mais une appartenance à l'ensemble syrien et au monde arabe » (in H. Laurens, *La Question de Palestine II*, *op. cit.*, p. 362).
2. Cité in I. Black, *Enemies and Neighbours...*, *op. cit.*, p. 80.
3. Cité in G. Bensoussan, *Une histoire intellectuelle et politique du sionisme*, *op. cit.*, p. 461.
4. *Ibid.*

à la communauté juive. Et de rappeler le sort récent fait à la minorité assyrienne en Irak[1]. La mission Peel débouchant sur un échec, les Britanniques se décident à recourir à une répression plus brutale. De 903 détenus politiques en 1937 (dont 87 Juifs), on passe à 2 543 début 1938 (dont 80 Juifs). L'immigration juive, quant à elle, est ramenée à 1 000 immigrants par mois.

Le 26 septembre 1937, la rébellion reprend : à Nazareth, des hommes de la mouvance Al Qassam assassinent un haut responsable anglais. Le calme relatif qui régnait jusque-là entre Arabes et Juifs est rompu un mois plus tard avec l'attaque d'autobus et d'implantations juives. Disposé cette fois à frapper durement, Londres interdit le Haut Comité arabe, les comités régionaux et le comité national de grève. Le grand mufti, démis de ses fonctions, est privé de l'essentiel de ses revenus. Près de 200 personnalités palestiniennes sont arrêtées et reléguées, entre autres, vers l'île Maurice.

La révolte s'amplifie en 1938, mais sans jamais parvenir à mettre sur pied une véritable coordination nationale. Cette rébellion, explique N. Picaudou, relève de la « guerre tribale dans laquelle les clans se mobilisent pour défendre leurs proches et préserver le territoire du groupe[2] ». Corollaire de cette logique clanique, l'absence d'un pouvoir central qui favorise le délitement de la rébellion en brigandage : « Tous ceux qui avaient des contentieux, rapporte le directeur du journal *Filastin* à Jaffa, Issa al Issa, profitaient de la situation pour se venger de leurs ennemis, au nom de la révolution[3]. »

La violente répression britannique des années 1937-1938 renforce dans un premier temps l'unité entre les villageois et les rebelles, dont les rangs s'étoffent en 1938, l'année qui marque l'acmé de la révolte. Des centaines de maisons arabes sont détruites, des amendes collectives sont imposées aux villages réputés soutenir la rébellion. Face aux attentats qui les frappent, les Juifs à leur tour se livrent à des représailles menées principalement par l'Irgoun, lesquelles

1. Cité in N. Weinstock, *Terre promise…*, *op. cit.*, p. 249.
2. N. Picaudou, *Les Palestiniens…*, *op. cit.*, p. 95.
3. *Ibid.*, p. 130.

entraînent en retour des représailles arabes qui précipitent les deux communautés dans une *vendetta* sans fin. En dépit de sa condamnation par l'ensemble du Foyer national juif (y compris par Zeev Jabotinsky depuis son exil), le terrorisme juif frappe aveuglément. Côté arabe, la violence demeure, elle aussi, à un niveau élevé en dépit des faibles effectifs engagés dans la rébellion (à peine 3 000 combattants permanents dans les campagnes). En août-octobre 1938, au faîte de sa puissance, le mouvement rebelle, durant quelques heures, prend le contrôle de Hébron, Beersheba et Gaza, et pour trois jours au moins celui de la « Vieille Ville » de Jérusalem.

La loi martiale est proclamée à nouveau le 17 octobre 1938 et la répression se durcit. Entre 1937 et 1939, 112 rebelles arabes sont pendus à la prison de Saint-Jean-d'Acre. Jugé « peu efficace », le haut-commissaire Wauchope est remplacé par Sir Harold Mac Michael, lequel reçoit « carte blanche » [*sic*] pour briser la rébellion. Commandé par le général Robert Haining, le corps expéditionnaire, fort de 25 000 hommes, va user de tous les moyens, y compris de la force aérienne. Destinée à restreindre la liberté de mouvement, la carte d'identité est rendue obligatoire. Et pour empêcher les infiltrations d'armes et de rebelles, les Anglais érigent un mur de barbelés le long des frontières libanaise et syrienne.

Alors qu'en 1938 la production de blé s'effondre, la population rurale, fatiguée, commence ici et là à abandonner un soulèvement qui prend parfois l'allure d'une jacquerie paysanne. Peu à peu, la révolte glisse des mains de la jeunesse citadine et bourgeoise dans celles d'une population paysanne traditionaliste et religieuse, donnant à la fin de la rébellion une tournure anti-occidentale et antimoderne.

Au total, en 1938, 77 soldats anglais, 255 Juifs et plus d'un millier d'Arabes ont été tués.

III. – La commission Woodhead (1938), la conférence Saint-James et le *Livre blanc* (1939)

Pour sauvegarder l'alliance arabe, le Royaume-Uni oublie pas à pas la déclaration Balfour. À Londres, une nouvelle commission présidée par Sir John Woodhead (février 1938) est chargée d'enterrer le rapport Peel. Après trois mois passés en Palestine (de mai à juillet, où elle est boycottée sur ordre du grand mufti), elle publie son rapport le 9 novembre 1938 (en même temps que le *Livre blanc* gouvernemental) qui propose une partition dérisoire dans l'espoir qu'elle soit refusée. C'est le cas, et par les deux camps. Et alors que sur le terrain la rébellion est quasiment brisée, les Anglais convoquent une table ronde réunissant Juifs et Arabes (à l'exception du grand mufti, qu'ils récusent).

Cette conférence s'ouvre à Londres le 7 février 1939 dans une atmosphère tendue. La délégation arabe refuse de siéger à côté des délégués juifs. Exposé le premier jour, son programme laisse peu de chances au compromis. En face, l'état d'esprit des délégués sionistes est sombre et dominé par la question des réfugiés qui a redoublé d'intensité avec l'Anschluss (mars 1938), l'inhospitalité organisée de la conférence d'Évian (juillet 1938), la crise des Sudètes (octobre) et la « nuit de Cristal » (9 au 10 novembre 1938). Londres refuse néanmoins de modifier sa politique d'accueil, y compris de souscrire à la demande du mouvement sioniste de recevoir en Palestine, « à titre humanitaire », 10 000 enfants juifs d'Allemagne.

Menée par David Ben Gourion, la délégation juive réclame la liberté d'immigration et s'oppose à une indépendance *immédiate* de la Palestine qui, au vu de l'équilibre démographique, explique-t-elle, signerait sur-le-champ la fin du Foyer national juif. Exposée par MacDonald, la position anglaise rejoint celle de la partie arabe et prône une immigration juive maximale fixée à 100 000 personnes pour les dix années à venir. Le 17 mars 1939, la conférence se sépare sur un échec.

Deux mois plus tard, le 17 mai 1939, un nouveau *Livre blanc* prévoit l'indépendance de la Palestine au terme d'une période de transition de dix ans, et une réduction de l'immigration juive (75 000 personnes sur une période de cinq ans, soit 15 000 par an). Haïm Weizmann qualifie ce document de « condamnation à mort[1] » et Ben Gourion y voit « la plus

1. *Ibid.*, p. 258.

grande trahison perpétrée de nos jours par un peuple civilisé[1] ». À la surprise générale, le Haut Comité arabe rejette également le *Livre blanc*. Réunis au lendemain de la publication du document, alors que 4 des 10 membres du Haut Comité, partisans de l'acceptation, sont absents, les 6 autres, acquis aux Husseini, rejettent le *Livre blanc*, contre l'avis d'une grande partie de la société arabe, qui avait exulté le jour de sa publication. Exilé au Liban, interdit de séjour en Palestine, l'ex-grand mufti s'enferme dans une attitude de rejet fustigée même par des commandants de la rébellion[2].

À Genève, en juin 1939, la SDN rejette le *Livre blanc* qu'elle juge « incompatible avec les termes du mandat de 1922 sur l'immigration juive ». Elle reporte sa décision finale au mois de septembre 1939. En Palestine, en dépit des refus juif et arabe, plusieurs dispositions du *Livre blanc* entrent en vigueur, à commencer par le blocage des ventes de terres (février 1940) et la limitation de l'immigration juive.

Plusieurs dirigeants palestiniens, enfin, ont tôt pris langue avec le régime nazi. En particulier le grand mufti qui, le 15 juillet 1937, demande officiellement le soutien du Reich. Après un refus poli, Berlin accorde en 1938 un soutien financier et militaire à la rébellion, et met à sa disposition en avril 1939 un émetteur à ondes courtes inauguré à Zeesen (sud de Berlin) qui diffuse, ce jour-là, son premier programme en arabe. Jusqu'en 1945, la politique du Reich à l'égard de la Palestine demeure marquée par une hostilité jamais démentie au sionisme, comme on le lit déjà dans *Mein Kampf* (rédigé en 1924). Le 21 octobre 1941, au cours de cette semaine où Berlin ferme l'Europe à l'émigration des Juifs et décide la construction du centre de mise à mort de Belzec (Pologne), Hitler déclare encore que « les efforts pour fonder un État juif seront un échec[3] ».

1. Cité in N. Picaudou, *Les Palestiniens…*, *op. cit.*, p. 97.
2. Au Royaume-Uni, le *Livre blanc* est sévèrement critiqué. Churchill y voit une « lâche capitulation devant la violence arabe » [*sic*] ; cité in B. Morris, *Victimes…*, *op. cit.*, p. 179.
3. Cité in G. Bensoussan, *Une histoire intellectuelle et politique du sionisme*, *op. cit.*, p. 633.

IV. – Les derniers feux

Les Anglais veulent en finir d'autant plus vite avec le soulèvement palestinien que la crise diplomatique avec l'Allemagne s'aggrave à l'automne 1938. D'où le rapport du 9 novembre 1938 et le *Livre blanc* de mai 1939.

En Palestine, la rébellion est gagnée par la fatigue et la lassitude, d'autant plus qu'elle vire, au cours de sa dernière année, à la guerre civile entre partisans du soulèvement (*keffieh à carreaux*) et « milices de la paix » (porteurs d'un *tarbouche rouge*) qui veulent y mettre un terme. Une campagne de terreur frappe les « suspects » de « collaboration avec les Juifs » (ou « avec les Anglais »), les « indicateurs » et les « tièdes » dans une série d'assassinats dont la mise en scène, souvent atroce, est destinée à intimider. « Un plus grand nombre d'Arabes trouva la mort par des armes arabes que par celles des Britanniques ou des Juifs[1] », rapporte le journaliste palestinien (chrétien) Issa al Issa. Près des trois quarts des victimes arabes auraient en effet été tuées au sein de leur communauté[2].

Fin 1939, à l'issue de l'affrontement, près de 6 000 Arabes, 520 Juifs et 120 soldats et policiers anglais ont été tués. On compte plusieurs milliers de blessés. Près de 6 000 Arabes ont été arrêtés et exilés ; 2 000 maisons appartenant à des Arabes ont été détruites par les Anglais, un grand nombre d'implantations juives ont été endommagées. Côté arabe, des cultures ont été dévastées, des vergers détruits, de nombreux marchés ont été perdus, aggravant le chômage. La grève générale, *a contrario*, a renforcé l'autonomie de l'économie juive. Paradoxalement, la rébellion aura aussi été l'occasion d'une coopération accrue entre Juifs et Anglais qui se poursuivra durant la Seconde Guerre mondiale en dépit du *Livre blanc*, fournissant aux soldats juifs une précieuse expérience militaire. Enfin, le mouvement national palestinien sort affaibli de la rébellion, où de nombreux combattants de valeur

---

1. *Ibid.*, p. 128.
2. Voir aussi H. Laurens, *La Question de Palestine II*, *op. cit.*, p. 420.

ont perdu la vie. D'autres se sont réfugiés à l'étranger. Mais le soulèvement du printemps 1936 aura toutefois réussi à faire annuler la déclaration Balfour sans que Londres en dise d'ailleurs le moindre mot.

CHAPITRE VIII

Le conflit judéo-arabe dans la Seconde Guerre mondiale

I. – La Palestine dans la guerre mondiale

La guerre venue, l'Égypte et la Palestine revêtent pour Londres une importance stratégique accrue. L'Égypte devient la plaque tournante du dispositif militaire anglais en Méditerranée, tandis que le stationnement de centaines de milliers de soldats alliés en Palestine favorise un formidable essor économique. Soucieux de ne pas heurter la partie arabe, le Royaume-Uni applique le *Livre blanc* en dépit du soutien que lui apportent les Juifs de Palestine[1]. En dépit aussi de la tragédie du judaïsme européen. Arrivé au pouvoir le 10 mai 1940, Churchill applique le *Livre blanc* dont il avait dit hier le plus grand mal. Discrètement toutefois, il autorise en 1941 la création du Palmah et la constitution, trois ans plus tard, d'une Brigade juive palestinienne sous l'uniforme anglais. Mais la politique migratoire de Londres est si restrictive qu'au terme des cinq années prévues par le *Livre blanc*, le quota (établi sur des critères économiques) n'est pas atteint, 20 000 Juifs manqueront à l'appel sur le nombre d'immigrants autorisé à entrer dans le pays.

Tel-Aviv est bombardé par l'aviation italienne en septembre 1940 et juin 1941. Ce même mois, avec le concours de la Haganah, les Alliés attaquent les troupes françaises de Vichy en Syrie tandis que, entre mai et août 1941, les Anglais occupent l'Irak, la Syrie et le Liban. Enfin, pour éviter de voir l'Iran passer sous influence allemande après l'invasion de l'URSS

1. À l'exception du groupe Stern, futur Lehi (acronyme hébraïque de *Lohamei Hérout Israel*, « Combattants de la liberté d'Israël »).

(22 juin 1941), Soviétiques et Anglais y établissent une jonction terrestre qui permet de ravitailler l'Armée rouge.

Au printemps 1942, l'offensive lancée par l'Allemand Rommel en Libye constitue pour les Juifs d'Égypte et de Palestine la plus grave menace de la guerre. Le 1er juillet 1942, Rommel arrive à El Alamein, situé à 60 kilomètres d'Alexandrie et à 120 kilomètres du Caire. Faute de renforts, il met fin à son offensive et ne la reprend que le 30 août 1942, contraint de l'arrêter encore au bout de trois jours faute de carburant. Le 23 octobre 1942, la contre-offensive du général anglais Montgomery bouscule les chars de Rommel, repoussés en Libye puis en Tunisie.

Les années de guerre sont marquées par une timide coexistence judéo-arabe favorisée par la prospérité économique et par l'impressionnante présence militaire alliée. Mais ce calme est trompeur, comme on le constate au sein de la société arabe, où les « collaborateurs des Juifs » continuent d'être assassinés.

À partir de juillet 1943, Londres examine une dizaine de mémorandums sur l'avenir de la Palestine. Quatre mois plus tard, le « Comité sur la Palestine » affirme que le partage dans le cadre d'une fédération est la seule solution, en excluant toutefois tout transfert de population et en accordant aux Juifs une plus grande part du territoire. Aux élections de juillet 1945, la victoire des travaillistes amène Clement Attlee au pouvoir. Son ministre des Affaires étrangères, Ernest Bevin, doit désormais affronter la « question de Palestine ».

II. – Le monde arabe et le mouvement national palestinien

De nombreux nationalistes arabes voient dans l'Allemagne nazie une société moderne et disciplinée, et dans le nazisme un système de pensée. Cette fascination se traduit par la multiplication des mouvements de jeunesse inspirés des organisations hitlériennes (ou fascistes) à l'image des *Chemises de fer* en Syrie et des cercles nationalistes où, sans souscrire au concept de race, nombreux sont ceux qui se reconnaissent dans l'idée d'une nation culturelle *et ethnique*[1]. L'antisémitisme participe de cette convergence idéologique sans en être l'aspect le plus probant.

Pour l'ex-grand mufti, l'antisionisme d'Hitler est le gage d'une écoute bienveillante. Le 23 octobre 1940 Rome et Berlin publient une déclaration commune : « L'Allemagne et l'Italie reconnaissent le droit des pays arabes de résoudre la question des éléments juifs en Palestine et dans les pays arabes d'une façon conforme aux intérêts nationaux et ethniques des Arabes et à la solution de la question juive en Allemagne et en Italie[2]. »

Dès l'orée de la guerre, l'ex-grand mufti quitte le Liban pour se réfugier en Irak, où il soutient le régime proallemand du général Al Galyani. Chassé par l'entrée des Anglais à Bagdad (juin 1941), il gagne Téhéran, transite par la Turquie (qui lui refuse l'asile politique), parvient en Italie où il rencontre le Duce le 27 octobre 1941, puis entre en Allemagne, où Hitler le reçoit le 28 novembre 1941[3]. « La suppression du Foyer national juif fait partie de mon combat », lui déclare le Führer. Ce que le compte rendu officiel des services allemands traduit ainsi :

> La position de l'Allemagne était une guerre sans compromis contre les Juifs. Cela incluait naturellement une opposition active au Foyer national juif en Palestine, qui n'était rien d'autre qu'un centre, sous la forme d'un État, servant à l'influence destructrice des intérêts juifs[4].

De novembre 1941 à mai 1945, l'ex-grand mufti et plus d'une vingtaine de dignitaires arabes demeurent à Berlin où ils sont somptueusement logés, nourris et subventionnés par le Reich. Ils perçoivent des sommes importantes provenant majoritairement du pillage des Juifs d'Europe.

En février 1941, un sondage effectué pour le compte du consulat américain à Jérusalem fait état de 88 % des Arabes palestiniens favorables à la victoire de l'Allemagne nazie[5].

---

1. Les communautés juives se montrent de plus en plus inquiètes par ce processus d'ethnicisation de la nation qui les en exclut, comme par la lente islamisation du nationalisme arabe.
2. Cité in H. Laurens, *La Question de Palestine II*, *op. cit.*, p. 459.
3. Il le verra deux autres fois durant la guerre.
4. In H. Laurens, *Le Retour des exilés*, *op. cit.*, p. 556.
5. Cité in N. Weinstock, *Terre promise...*, *op. cit.*, p. 277.

Au cours de l'été 1942, au fur et à mesure que Rommel s'avance vers l'Égypte, les services de renseignement anglais et allemand évoquent la sympathie de la population arabe pour l'Afrika Korps.

Après la victoire allemande à Tobrouk, Berlin met sur pied le 13 juillet 1942 le commando Walther-Rauff du nom de son chef, un groupe de 24 SS qui s'installent à Athènes le 29 juillet, attendant leur ordre de transfèrement en Afrique. Leur mission : organiser le meurtre de masse des communautés juives à l'arrière de l'Afrika Korps. Pour ce faire, Berlin compte sur une participation de la population arabe ; dans ce cadre, « un nombre incalculable d'Arabes, parfois déjà organisés, proposèrent volontairement leur soutien aux Allemands[1] ». En 1943-1944, l'ex-grand mufti intervient pour empêcher l'émigration vers la Palestine de centaines de Juifs, en particulier les enfants qu'il conseille d'envoyer dans le « Gouvernement général » en Pologne occupée. En avril 1943, il soutient la première formation de Waffen-SS musulmans, majoritairement bosniaques, créée deux mois plus tôt sur ordre de Hitler. Dans ses *Mémoires*, l'ex-grand mufti rapporte que Himmler lui confie durant l'été 1943 que près de 3 millions de Juifs ont déjà été exterminés[2]. Cela posé, on aurait tort de croire à une Palestine arabe unanimement prohitlérienne, comme le montre, par exemple, l'engagement antinazi de la famille Nashashibi et du maire de Naplouse.

En octobre 1944, sept États arabes fondent à Alexandrie la Ligue arabe, dont la charte est signée au Caire le 22 mars 1945. L'Égyptien Abd al Rahman Azzam en est le premier secrétaire général. Alors que le mouvement national palestinien se réorganise difficilement, la Ligue s'arroge le droit de désigner elle-même le délégué des Palestiniens, Musa al Alami, au motif que la Palestine n'a pas encore accédé à l'indépendance. Neuf des douze délégués du nouveau Haut Comité arabe (juin 1945) sont désignés par la Ligue.

---

1. Voir K.-M. Mällmann et M. Cüppers, *Croissant fertile et croix gammée…*, *op. cit.*, p. 146.
2. Voir *Dictionnaire de la Shoah*, Paris, Larousse, 2009, p. 362-363.

III. – Le mouvement sioniste et le Foyer national juif

« Nous ferons la guerre au *Livre blanc* comme s'il n'y avait pas de guerre, et nous livrerons cette guerre comme s'il n'y avait pas de *Livre blanc*[1] », déclare Ben Gourion le 12 septembre 1939. Le Yishouv recense les hommes et les femmes âgés de 18 à 50 ans et plaide pour la création d'une « armée juive ». Churchill s'y montre favorable sans ignorer que cette offre de bons offices cache à peine le souci de disposer d'une armée bien entraînée. Au printemps 1944, il obtient l'accord du Foreign Office à la création d'une « Brigade juive » intégrée au sein de la 8e armée anglaise qui participera en Italie, au printemps 1945, aux derniers combats de la guerre[2].

Respecté à la lettre durant la guerre, le *Livre blanc* fait chuter drastiquement l'immigration juive. L'immigration illégale est combattue avec vigueur, mais 17 000 immigrants clandestins parviennent toutefois à entrer en Palestine entre 1939 et 1941. Plusieurs naufrages liés à l'immigration illégale (dont celui du *Struma* en mer Noire en février 1942) endeuillent le Yishouv et les communautés de départ. Capturés, les immigrants clandestins sont internés sur l'île Maurice puis à Chypre. En dépit d'une succession de tragédies maritimes, les frontières de la Palestine restent fermées.

En août 1945, à l'issue de la guerre, une conférence sioniste consacrée au sort des rescapés se tient à Londres. Elle estime à 3 millions le nombre de survivants juifs en Europe[3]. La plupart ne veulent pas rentrer chez eux, comme les Juifs polonais, et les grands pays anglo-saxons ne souhaitent pas les accueillir. Or, selon le *Livre blanc*, aucun immigrant juif ne peut plus entrer en Palestine à partir de 1945[4].

1. Cité in B. Morris, *Victimes…*, *op. cit.*, p. 184.
2. La Brigade juive constituera plus tard le vivier des cadres de l'armée israélienne.
3. Sur 9,5 millions de Juifs en 1939.
4. Pourtant, 70 000 réfugiés juifs débarquent clandestinement entre 1945 et mai 1948, dont plus de 51 000 sont interceptés par les Anglais et internés sur place ou à Chypre.

Lâché par Londres en 1939, l'exécutif du Yishouv se tourne vers le judaïsme américain et vers les États-Unis, où Ben Gourion se rend à l'automne 1940, puis en novembre 1941 pour un second long séjour au cours duquel il réunit le Congrès général des sionistes américains à l'hôtel Biltmore à New York (9-11 mai 1942). Pour la première fois, un Congrès sioniste envisage explicitement un État juif (*Commonwealth juif*) sur tout le territoire de la Palestine mandataire en jugeant qu'il est temps d'en parler au grand jour. La tenue du Congrès témoigne du basculement du centre de gravité mondial de l'Europe vers l'Amérique du Nord, comme de la montée en puissance du sionisme américain[1].

Sur le terrain, chacun se prépare à une reprise de l'affrontement, mais les Palestiniens souffrent d'un important manque d'armes qui pousse le renseignement arabe à mettre en doute sa capacité « à tenir tête aux Juifs qui sont supérieurs en nombre et en équipement[2] ». Dans le camp juif, la trêve entre sionistes et Anglais est brisée par l'Irgoun, en février 1944, révoltée par la fermeture du pays en dépit de l'extermination dont les responsables alliés ont une connaissance précise depuis près de deux ans au moins. Le 1er octobre 1945, Ben Gourion, à son tour, ordonne à la Haganah de rompre la trêve et d'intensifier l'immigration clandestine. D'épreuve en épreuve, de la menace de destruction de l'été 1942 à l'abandon de l'Europe et à la connaissance du génocide, dans le Yishouv l'opinion bascule majoritairement en faveur du recours à la force, *a fortiori* après la conférence anglo-américaine des Bermudes (avril 1943) qui entérine en filigrane l'abandon des Juifs d'Europe.

1. Ses dons dépassent désormais en volume ceux de toutes les autres communautés de la diaspora. Lors du premier congrès sioniste (1897), les États-Unis, qui rassemblaient déjà plus d'un million de Juifs, n'y avaient envoyé aucun délégué.
2. In B. Morris, *The Birth of the Palestinian Refugee Problem (1947-1949)*, Cambridge, Cambridge University Press, 1987, p. 21.

CHAPITRE IX

Palestine, 1945-1947 : le nœud gordien

La guerre sonne le déclin des grandes puissances coloniales et précipite la constitution du monde arabe comme entité politique (Ligue arabe, mars 1945). Le mouvement d'indépendance de la Palestine est stimulé par les exemples libanais, syrien, égyptien et libyen de l'immédiat après-guerre. Côté juif, sur le plan démographique, le génocide compromet toute perspective d'État. Par surcroît, le processus d'émancipation des Juifs du monde arabe, couplé au conflit en Palestine, heurte un nationalisme arabe qui laisse peu de place à une « arabité juive » et relègue peu à peu les communautés juives locales.

I. – Londres et la Palestine : mai 1945-novembre 1947

Le Royaume-Uni sort victorieux du conflit mondial, mais il est financièrement ruiné. Ses positions coloniales s'effritent, à commencer par l'Égypte. De là l'intérêt militaire accru de la Palestine, où Bevin relance la négociation à trois reprises en quelques mois (septembre 1946-février 1947). Une première rencontre a lieu à Londres (septembre 1946), à laquelle le Haut Comité arabe ne se rend pas. Les délégués des États arabes qui y assistent expliquent que seuls seront reconnus comme citoyens de la Palestine indépendante les Juifs arrivés avant le mandat britannique (20 % de la communauté juive). Bevin prévient qu'à ignorer *toutes* les revendications de la partie adverse, on se dirige vers le partage du pays.

Le plan anglais d'une division de la Palestine en quatre provinces autonomes, assortie d'une reprise limitée de l'immigration juive, est rejeté par les deux parties. Réunie à la demande du Royaume-Uni, la session de l'Assemblée générale des Nations unies du 16 décembre 1946 se termine sur un échec qui accroît encore davantage la lassitude d'une opinion britannique aux prises avec les pénuries et les tensions liées au début de la guerre froide. Fin janvier 1947, une troisième tentative de négociation judéo-arabe, à l'initiative de Londres, tourne court à nouveau. Excédé, le 7 février 1948, Bevin transmet le dossier au Département d'État dont le plan d'une Palestine divisée en cantons plus ou moins autonomes ne satisfait personne.

Début 1947, alors que les Anglais déploient sur le terrain quatre fois plus d'hommes (100 000) qu'au début de la rébellion des années 1930, la situation empire malgré tout. Le 18 février 1947, devant la Chambre des communes, Bevin annonce sa volonté de soumettre le problème aux Nations unies. Quelques mois plus tard (novembre 1947), il annonce la fin du mandat pour le 14 mai de l'année suivante. Pour autant, les Anglais ne quittent pas la région. Ils assurent en effet la Transjordanie[1] de leur soutien pour « prévenir l'émergence de l'État palestinien[2] » (Rashid Khalidi), et accordent à la Légion arabe en mars 1948 une aide financière importante dans le but d'occuper le Néguev[3] et le territoire du futur État arabe de Palestine.

II. – Le mouvement national palestinien au pied du mur (1945-29 novembre 1947)

L'apparente apathie du mouvement national palestinien est due à la fois à la répression brutale des années 1938-1939 et aussi, sans doute, à la prospérité économique des années de guerre qui a libéré la paysannerie d'un endettement séculaire.

1. Devenue royaume de Jordanie en 1946.
2. In R. Khalidi, *L'Identité palestinienne...*, *op. cit.*, p. 49.
3. Attribué par les Nations unies à l'État juif.

Les divisions demeurent importantes[1], et l'unité ne se fait que sur le refus d'accorder des droits politiques à la minorité juive, y compris à Jérusalem, où les Juifs sont majoritaires. Pour plusieurs historiens[2], la représentation psychique de la *dhimma* abolie dans la loi, mais enkystée dans les mentalités, aurait constitué un obstacle puissant et souterrain à admettre les Juifs sur un pied d'égalité véritable.

Regroupés au sein du « Parti arabe palestinien », les partisans de l'ex-grand mufti reprennent le pouvoir sur la société palestinienne et brisent toute opposition par la violence. Le Haut Comité arabe qu'ils dominent annonce son refus de collaborer avec l'UNSCOP[3] et menace quiconque enfreindrait cette consigne. Quelques Palestiniens le paient de leur vie, à l'instar de Georges Anton en février 1947 et de Farid Fakhri al Din en mars 1947. Quant à la Ligue arabe, elle paraît surtout préoccupée d'empêcher la naissance d'un État palestinien dominé par les Husseini. La Palestine arabe semble ainsi devoir se battre sur deux fronts à la fois, l'adversaire sioniste et les ambitions de l'émir Abdallah de Transjordanie[4].

Dès le 2 décembre 1945, la Ligue arabe appelle à un boycott des produits de la Palestine juive, mais sans escompter les désastreux effets en retour de cette mesure pour l'économie de la Palestine arabe dont un tiers de la production est destiné au secteur juif. La Ligue organise plusieurs rencontres consacrées à la Palestine, à Inchass (Égypte) en mai 1946, puis à Bludan (Syrie) le mois suivant. En mars 1947, à huis clos, elle décide de soutenir la Palestine financièrement et militairement par l'envoi de volontaires, tout en laissant à l'écart l'ex-grand mufti . Son comité politique, réuni plusieurs fois au Liban à l'automne 1947, met sur pied un comité militaire chargé d'encadrer les volontaires. En avril 1948, alors qu'en Palestine la guerre fait (déjà) rage entre Arabes et Juifs[5], la Ligue constitue

1. Voir le « Front suprême arabe » qui regroupe cinq partis opposés au clan Husseini, dont l'Istiqlal.
2. N. Weinstock et S. Hazkani (ce dernier, auteur de *Dear Palestine : Social history of the 1948 War*, Stanford, Stanford University Press, 2021) entre autres…
3. Voir *infra*, p. 76.
4. Proclamé roi de Jordanie le 25 mai 1946.
5. Voir *infra*, p. 86.

une armée de volontaires arabes dite « Armée de libération arabe » (ALA), confiée au commandement du Syrien Fawzi al Qawuqji, vétéran de la révolte de 1936 et ennemi juré de l'ex-grand mufti.

La crainte de nombreux dirigeants arabes de se voir accusés demain d'avoir « abandonné » la Palestine[1] joue un rôle majeur dans leur décision d'envahir le futur État juif *avant* la phase massive de l'exode palestinien. Le ton monte, les menaces se multiplient : « Le sang coulera comme des rivières au Moyen-Orient[2] », déclare Jamal al Husseini, chef de l'exécutif arabe de Palestine. À l'ONU, le chef de la délégation égyptienne, Mohammed Hussein Heykal, assure quelques jours avant le vote décisif des Nations unies que « les vies de millions de Juifs dans les pays musulmans seraient menacées par l'établissement d'un État juif[3] ».

Parallèlement, dès 1945, l'émir Abdallah se déclare (discrètement) favorable à la partition du territoire entre les Juifs *et lui*. La Légion arabe, assure-t-il, est prête à établir une continuité territoriale entre Gaza et la Transjordanie. Douze jours avant le vote des Nations unies, il reçoit (en secret) la directrice du département politique de l'Agence juive, Golda Meyerson[4], pour lui proposer un État juif autonome à l'intérieur d'un royaume élargi à la Palestine. Après un nouveau refus des dirigeants sionistes, Abdallah se déclare favorable à la partition à la condition de s'emparer de la partie arabe du pays. Parallèlement, il s'engage à ne pas porter atteinte à la partie juive. Tel est le discours tenu en coulisses auprès des émissaires juifs. Sur scène, le roi se range derrière la Ligue arabe.

Parce qu'ils souhaitent voir le monarque jordanien demeurer en dehors de la guerre qui s'annonce, les dirigeants sionistes acceptent de le voir prendre le contrôle de l'État arabe

1. À l'instar des Frères musulmans qui, en Égypte, créent une « organisation secrète » vouée à la « défense de la Palestine ».
2. Cité in B. Morris, *1948 : The First Arab-Israeli War*, New Haven, Yale University Press, 2008, p. 50.
3. Cité *ibid.*, p. 70.
4. Devenue Golda Méir en 1956.

de Palestine. Cet accord est renouvelé à Amman le 10 mai 1948. Cette fois pourtant, à quatre jours du retrait anglais et à la veille de l'invasion arabe de l'État juif, Abdallah craint d'apparaître comme un traître. Il propose donc à nouveau aux dirigeants sionistes une « autonomie juive à l'intérieur d'un État arabe hachémite », mais il se heurte à leur refus réitéré.

III. – Le mouvement national juif à l'heure cruciale

Le barrage opposé à l'immigration juive nourrit la colère du Yishouv depuis le printemps 1939. Après près de cinq ans de trêve, en février 1944, les attentats (désavoués par l'Agence juive) reprennent en Palestine, menés par l'Irgoun et le Lehi. Et ailleurs aussi quand le 6 novembre 1944, au Caire, le ministre anglais Lord Moyne (Walter Edward Guinness) est assassiné par des hommes du Lehi. Sous la pression de Londres, Ben Gourion lance alors contre l'Irgoun et le Lehi une chasse à l'homme avant de mettre un terme à cette collaboration policière quelques mois plus tard, en mars 1945.

En novembre 1945, à la demande de Londres, les Nations unies désignent une nouvelle commission d'enquête relative au sort des « Juifs déplacés » en Europe. Remis le 1er mai 1946, le rapport recommande la poursuite du mandat britannique et la délivrance immédiate de 100 000 visas d'entrée. Londres refuse. Les tensions entre Juifs et Anglais s'exacerbent. Au terme des cinq années prévues par le *Livre blanc*, alors que 300 000 Juifs attendent dans les camps de « personnes déplacées[1] », 30 000 visas n'ont pas été accordés. Londres ne laisse entrer dans le pays que 1 500 Juifs par mois. C'est dans ce contexte qu'entre octobre 1945 et juillet 1946 les trois entités militaires juives collaborent contre les Britanniques (« Mouvement de la révolte hébraïque », *Tnouat Ha Méri Ha ivri*).

La répression anglaise est violente. Le 29 juin 1946, en riposte à l'enlèvement de six de leurs officiers, les Anglais

1. Ils sont 400 000 au printemps 1947.

lancent l'« opération Agatha », qui vise à liquider l'Agence juive et la Haganah. Deux semaines durant, le pays est quadrillé par l'armée, 2 700 personnes sont arrêtées, 27 kibboutz sont perquisitionnés. D'importantes quantités d'armes sont saisies. Ben Gourion, alors à l'étranger, échappe à l'arrestation[1]. En août 1946, l'Agence juive donne l'ordre à la Haganah d'apaiser la situation.

En représailles, l'Irgoun prend donc seule la décision de dynamiter le QG militaire et administratif des forces anglaises en Palestine, l'hôtel *King David* à Jérusalem, le 22 juillet 1946 : 91 morts (dont 28 Anglais, 17 Juifs et 41 Arabes) et des centaines de blessés. L'attentat provoque une profonde indignation dans le pays et marque le début d'une dégradation sans retour des relations entre l'armée anglaise et la population juive. Il rompt aussi le front commun des forces juives. En rupture avec la politique du Yishouv, dont le souci premier est d'éviter une révolte arabe, les deux groupes terroristes juifs affrontent désormais seuls les forces britanniques, frappant des marchés, des cafés, semant une désolation qui exacerbe la haine entre les deux communautés. À l'été 1947, isolées, pourchassées par les Anglais et par la Haganah, les deux milices dissidentes mettent un terme à leurs opérations[2].

IV. – Été 1947 : la mission de l'UNSCOP

Le 28 avril 1947, les Nations unies examinent la question des 400 000 réfugiés juifs encore présents dans les camps de « personnes déplacées ». À cette fin est mise en place l'UNSCOP[3], une commission spéciale chargée de la Palestine, présidée par un magistrat suédois, Emil Sandström. Elle ne doit comprendre ni État arabe ni grande puissance. Mal accueillie par la partie arabe qui la voit comme

1. Weizmann, présent en Palestine, n'est pas arrêté.
2. Entre 1944 et mai 1948, on estime que 338 Anglais auraient perdu la vie à la suite d'actions imputables majoritairement à l'Irgoun.
3. *United Nation Spécial Commettee on Palestine.* Les délégués de deux États arabes et ceux de deux États musulmans se prononcent contre la constitution de cette commission.

une insulte à sa souveraineté, la Commission commence ses auditions le 16 juin 1947.

Le mois suivant, deux de ses membres (dont son président) sont les témoins directs de la tragédie de l'*Exodus*, un navire chargé d'immigrants clandestins parti du sud de la France le 12 juillet 1947 avec à bord 4 554 réfugiés (dont 1 672 enfants). La concomitance de l'arrivée de l'*Exodus* et de la visite de l'UNSCOP en Palestine, loin d'être due au hasard, a été planifiée par l'exécutif sioniste qui tire ici parti de l'émotion liée au sort des réfugiés-rescapés du génocide[1].

La marine britannique arraisonne le navire le 18 juillet 1947 et le remorque jusqu'à Haïfa, où les passagers sont réembarqués de force sur trois navires avant d'être renvoyés vers la France. La majorité d'entre eux refusant d'y débarquer, ils terminent leur périple à Hambourg (en zone britannique d'occupation en Allemagne), où ils sont internés le 8 septembre 1947. Les images de Juifs internés à nouveau en Allemagne suscitent une vague de sympathie en faveur de la cause sioniste[2]. Pour autant, le Royaume-Uni ne modifie pas sa politique d'immigration.

L'UNSCOP poursuit sa mission en Jordanie et au Liban où, le 20 juillet 1947, les représentants des États arabes lui remettent un mémorandum : « À un État établi par la violence, les États arabes seront obligés d'opposer la violence : c'est le droit légitime de tout être qui se défend. » La Commission récuse le projet d'État binational, car, comme l'explique le président Sandström, si les Arabes voient l'arrivée des Juifs comme une « invasion », pourquoi accepteraient-ils de partager avec eux le pouvoir au sein d'un État binational ?

La carte des frontières dessinée par un des délégués suédois partage la Palestine en sept zones (trois zones juives, trois

1. À Paris, le quotidien communiste *L'Humanité* qualifie le navire d'« Auschwitz flottant ».

2. En rendant compte du premier procès de Nuremberg (1945-1946), à la différence de la presse égyptienne, la presse palestinienne (*Filastin* et *Al Difa*) minimise les charges, défend en sourdine les accusés et s'interroge : pourquoi les Arabes devraient-ils payer le prix d'un crime dont ils sont innocents ? Voir M. Litvak et E. Webman, *From Empathy to Denial : Arab Responses to the Holocaust*, New York, Columbia University Press, 2009.

zones arabes et une zone internationale autour de Jérusalem), en accordant aux Juifs 62 % du territoire (dont une grande partie désertique, le Néguev). Le rapport de l'UNSCOP est soumis à l'Assemblée générale des Nations unies le 1er septembre 1947, qui conclut unanimement à la nécessité de mettre fin au mandat. C'est le seul point d'accord.

Parallèlement, au printemps 1947, alors que les Anglais préparent leur retrait (l'évacuation de plus de 100 000 hommes et 14 000 véhicules), chaque adversaire cherche à s'emparer des positions laissées par la puissance mandataire. Il reste encore 55 000 soldats anglais au 1er décembre 1947 et 27 600 le 1er avril 1948.

Les dernières ouvertures en faveur du dialogue demeurent majoritairement le fait de voix juives. Les rares initiatives venues de la société arabe sont étouffées dans le sang, à l'instar de celle de Faouzi Darwich al Husseini, cousin de l'ex-grand mufti, qui fonde à Haïfa en 1946 le mouvement *Filastin al Jadida* (« la nouvelle Palestine ») en faveur d'un État binational. Il est assassiné douze jours plus tard, le 23 novembre 1946, « traître » à la cause nationale, dit-on[1]. On note pourtant, ici et là, quelques rares tentatives, demeurées sans lendemain, de maintien de la paix civile, comme en Galilée, en octobre-novembre 1947, ces visites entre écoliers juifs d'un kibboutz et écoliers arabes des villages voisins.

V. – Un enjeu international

Pour de nombreux contemporains, la Transjordanie (1922), constitue le verrou de la situation. Ainsi, en mai 1932, le rapport French expliquait déjà que la « pénurie de terres » est principalement due au « verrou » transjordanien. En 1937, cinq ans plus tard, le rapport Peel assure à son tour que la Transjordanie constitue une part importante de la solution au problème. Pour autant, le Royaume-Uni n'entend nullement remettre en cause l'existence du « royaume hachémite » avec

1. Voir A. Mayer, *De leurs socs…*, *op. cit.*, p. 306.

lequel il signe en mars 1946 un traité d'alliance incluant un soutien financier régulier accordé à la Légion arabe.

En 1946, la première commission des Nations unies sur la Palestine auditionne un grand nombre de protagonistes, y compris, au Caire, des nationalistes nord-africains menés par le Tunisien Habib Bourguiba. Chef de l'exécutif sioniste, David Ben Gourion est longuement entendu par la commission devant laquelle il explique : « [En] privant les Juifs de Palestine d'un foyer national, en les empêchant de devenir une majorité et d'être souverains, vous ne privez pas seulement les 600 000 Juifs qui vivent ici, vous privez aussi d'indépendance et de souveraineté les millions de Juifs qui vivent dispersés dans le monde. Il n'y a pas d'autres lieux au monde où ils désirent atteindre la souveraineté désirée. » Et de conclure par ces mots : « La conscience de l'humanité doit bien peser ceci : où est la balance de la justice, où est le plus grand besoin, où est le plus grand péril, où est le moindre mal et où est la moindre injustice ? »

En 1947, le nationalisme juif ne trouve un appui décisif que du côté de Moscou, qui opère un revirement spectaculaire après avoir toujours réprimé les activités sionistes. Il est vrai qu'en 1945, dans le monde, de nombreuses forces de gauche voient dans le Foyer national juif un « modèle de lutte anticoloniale ». Moscou paraît s'y intéresser. En réalité, le gouvernement soviétique cherche d'abord à affaiblir le Royaume-Uni et en second lieu à s'ouvrir une route vers la Méditerranée. En lutte contre Londres, le Foyer national juif est vu alors comme un allié potentiel, d'autant qu'une partie du socialisme du Yishouv est alignée sur l'Union soviétique. Le soutien discret apporté par Moscou en 1945 se mue en soutien déclaré avec le discours enflammé du vice-ministre soviétique des Affaires étrangères, Andreï Gromyko, devant l'assemblée générale de l'ONU le 14 mai 1947.

Aux États-Unis, le Département d'État entend prendre en compte en priorité les intérêts pétroliers américains en Arabie saoudite[1]. Le projet d'un État juif qui dresserait les

1. La part des États-Unis dans la production de pétrole au Moyen-Orient passe de 14 % en 1938 à un peu plus de 55 % en 1948. Les *majors* dominent

Arabes (en particulier le roi d'Arabie saoudite, proche du président Roosevelt dans les derniers mois de sa vie) contre les Alliés est condamné par une majorité de militaires et de diplomates américains, par surcroît issus généralement d'un *establishment* WASP peu philosémite. Succédant à Roosevelt en avril 1945, Truman doit tenir compte du soutien soviétique apporté aux sionistes comme il doit aussi se soucier de sa réélection (automne 1948). Et, partant, du poids de l'électorat juif comme de la sympathie suscitée par la cause sioniste dans l'opinion américaine.

Le judaïsme américain, lui, sort bouleversé d'une guerre qui a détruit son monde d'origine. Il est alors massivement gagné à la cause du sionisme. Face à lui, le Département d'État dirigé par le général Marshall ne cache pas son hostilité au projet d'un État juif. Il assure en décembre 1947 que le maintien d'un État juif est « contraire à l'intérêt national américain et à ses intérêts stratégiques immédiats[1] ». En quelques mois (décembre 1947-mai 1948), Marshall tente à plusieurs reprises d'empêcher la proclamation de l'État juif. En mars 1948, il propose une tutelle de l'ONU sur la Palestine. Récusée. Le 1er avril 1948, il propose une trêve, elle est refusée par les deux parties. Début mai 1948, il s'efforce *in extremis* de convaincre les dirigeants sionistes de surseoir à la déclaration d'indépendance, à quoi Moshe Shertok lui répond le 8 mai 1948 que le Yishouv « ne se suicidera pas pour faire plaisir aux amis ».

Aux Nations unies, la décision s'annonce serrée (une majorité des deux tiers est requise). Plusieurs pays se prononcent contre la partition. Le camp sioniste et la Maison-Blanche obtiennent un report du scrutin de deux jours, le temps d'exercer des pressions sur certains États comme la Grèce et les Philippines. Des pressions dont l'efficacité demeure relative quand la Grèce vote finalement « Non » en dépit de sa dépendance envers les États-Unis. Il en va de même pour Cuba, dont la dépendance est plus grande

---

la production saoudienne ; chiffres cités in N. Picaudou, *Les Palestiniens...*, *op. cit.*, p. 102.

1. In B. Morris, *1948...*, *op. cit.*, p. 114.

encore et qui vote contre le plan de partage. Enfin, plusieurs pays d'Amérique latine où l'ingérence américaine est massive (Argentine, Chili, Mexique, Colombie, Salvador, Honduras) s'abstiennent. En face, le « camp arabe » exerce lui aussi des pressions et des menaces voilées contre certains États, mais sans parvenir à présenter aux Nations unies une contre-proposition crédible.

Le vote du 29 novembre est retransmis en direct sur les ondes du monde entier : 33 pays se prononcent en faveur du partage en deux États, 13 sont contre et 10 s'abstiennent. À trois votes près, la résolution était rejetée. Ont voté contre : les États arabes et musulmans, ainsi que Cuba, l'Inde et la Grèce. Les 33 États qui se sont rangés en faveur du partage sont de culture chrétienne. La décision préconise le partage de la Palestine en deux États et une zone internationale autour de Jérusalem. Trois jours plus tard, l'université Al Azhar au Caire proclame un « djihad mondial en défense de la Palestine arabe ». À Londres, Bevin, lui, évoque le risque « de voir les Juifs de Bagdad la gorge tranchée ». Il sait en effet que les Juifs du monde arabe sont dans une situation périlleuse, comme on le voit en Libye, en Syrie, en Égypte, à Aden enfin, où de véritables pogroms dévastent les camps de réfugiés (75 Juifs tués, 78 autres blessés). Dans plusieurs capitales arabes, le 30 novembre 1947 est renommé « jour de deuil ».

En novembre 1947, la Palestine compte 1 908 000 habitants, dont 608 000 Juifs. Le plan de partage du 29 novembre 1947 attribue à l'État juif 56,47 % du territoire de la Palestine mandataire (14 000 km^2), rassemblant près de 500 000 Juifs et 325 000 Arabes. L'État arabe couvre 43,53 % du territoire et regroupe 807 000 Arabes et 10 000 Juifs. Un peu plus de 100 000 Juifs se trouvent hors des frontières de l'État juif, dans la zone internationale autour de Jérusalem qui sera gérée par les Nations unies. L'État juif, comme l'État arabe, est découpé en trois tronçons. Avec 900 000 habitants, l'État juif compte presque une moitié de non-Juifs sur un territoire en archipel où la population juive, très urbanisée, possède 7 % des terres. Dans la diaspora juive et dans le Yishouv, la décision de l'ONU est reçue dans l'enthousiasme, une joie tempérée toutefois par la lucidité : « Je ne pouvais pas danser avec eux, rapporte Ben Gourion. Je ne pouvais pas chanter cette nuit-là. En les voyant tous si joyeux, je n'avais qu'une pensée : ils allaient partir pour la guerre[1]. »

À l'automne 1947, plusieurs chefs militaires arabes se montrent lucides sur l'état des forces en présence, à commencer par le coordinateur des armées arabes, le général irakien Ismaïl Safwat, qui déclare le 27 novembre 1947 : « Une victoire sur les Juifs n'est pas possible[2]. » Après le vote du 29 novembre, l'« Armée de libération arabe », qui regroupe des Palestiniens et des volontaires arabes de l'étranger, et le « Comité militaire » présidés par le général Sawfat décident l'envoi en Palestine de 3 000 volontaires et de 10 000 fusils. Une intervention restreinte liée à l'hostilité vouée par plusieurs dirigeants arabes au clan Husseini, mais une intervention inévitable au vu des opinions publiques en colère appelant ici et là au massacre de tous les Juifs. Y compris les « leurs ».

1. In B. Morris, *Victimes...*, *op. cit.*, p. 212.
2. In B. Morris, *1948...*, *op. cit.*, p. 71.

CHAPITRE X

L'affaissement de la société palestinienne (décembre 1947-mai 1948)

I. – Forces en présence et ultimes manœuvres diplomatiques

Dès le lendemain du vote, la violence se déchaîne en Palestine, en particulier dans les « villes mixtes » où les assassinats se multiplient. Le Yishouv déplore près de 50 morts chaque semaine à partir du mois de décembre 1947.

Côté arabe, deux sociétés palestiniennes coexistent. L'une est alphabétisée et organisée. Semi-industrielle, elle fait preuve d'un degré élevé de motivation. L'autre vit d'une économie exclusivement agricole et est analphabète à près de 70 %. Au cours du mandat britannique, peu nombreux sont ceux qui, au sein de la société arabe, ont acquis une expérience gouvernementale ou militaire à même de mettre sur pied des institutions aptes à prendre le relais des Anglais au jour de leur départ.

L'identité *palestinienne* s'affirme davantage dans la partie plus instruite et éduquée de la population, mais en 1947 plus de la moitié de la jeunesse palestinienne n'est pas scolarisée. La société arabe, enfin, est minée par un profond problème foncier et démographique qui nourrit l'exode rural et la misère, et qui alimente la colère et le ressentiment. Quand la décision des Nations unies est connue, le choc est d'autant plus rude qu'une partie des élites fuit dès les premières semaines d'affrontement, entraînant un début de désintégration de la société *avant* l'offensive de la Haganah, en avril 1948[1].

1. Voir *infra*, p. 86.

Armes lourdes et armes modernes font défaut dans l'arsenal palestinien. De même qu'il n'existe pas une organisation militaire centralisée à l'image de la Haganah. Les milices dispersées dans les près de 800 villes et villages de Palestine constituent la force principale de la société arabe, mais elles bénéficient bien peu de l'aide militaire des États arabes. Chaque milice est forte d'une quinzaine à une cinquantaine d'hommes légèrement armés. L'absence d'une véritable coordination entre les milices, doublée d'une logistique défaillante, obère sa force de frappe. À ces carences graves s'ajoute l'absence de toute structure administrative de remplacement au moment où les Anglais se retirent. Des « commandements nationaux » sont certes créés en janvier 1948, mais bientôt la pléthore des pôles de commandements ajoute à la confusion générale, aggravée par de fréquents changements d'instructions qui finissent par donner l'impression d'un commandement erratique. Ainsi, dans un premier temps, la Ligue arabe recommande aux États membres « d'ouvrir leurs portes » aux réfugiés pour les recevoir et « d'appeler la population arabe à quitter le pays »[1]. Un temps au moins, probablement bref, des responsables arabes envisagent d'évacuer la Palestine pour mieux combattre les Juifs, ce qui suppose l'existence d'un plan de guerre arabe avant l'exode palestinien. Puis, dans un second temps, l'ordre contraire est lancé, celui de refouler les réfugiés et d'appeler les Palestiniens à se maintenir sur place.

Le Foyer national juif possède, lui, une force armée *nationale*, des armes et des machines pour les produire, un commandement unifié, et bénéficie du puissant soutien financier de la diaspora américaine. En dépit de leur désavantage démographique, les Juifs rassemblent un effectif important d'hommes en âge de combattre (de 20 à 44 ans). C'est le résultat d'une politique d'immigration qui a tôt donné la priorité aux hommes jeunes. En novembre 1947, les forces juives, tous effectifs confondus, rassemblent près de 42 000 combattants. Toutefois, à cette date, le stock de munitions suffit à peine à équiper la moitié des effectifs.

---

1. Cité *ibid.*, p. 67.

Surtout, au 15 mai 1948, le Yishouv ne dispose ni d'armes lourdes ni d'aviation.

Jusqu'à l'invasion du 15 mai 1948, à l'exception de Jérusalem, les combats ont lieu dans les zones destinées au futur État juif. L'*Armée de libération arabe*, forte de près de 8 000 hommes, est épaulée par les milices villageoises et d'autres groupes combattants dont l'« Armée de la guerre sainte » (*Al Jihad al Muqaddass*) d'Amin al Husseini. Encore dirigé par l'ex-grand mufti, le camp arabe reproduit la stratégie de guérilla menée en 1936. Amin al Husseini refuse toute offensive générale avant le 15 mai 1948, escomptant l'entrée en guerre des armées arabes, il veut, dit-il, « harceler les Juifs » : attaque des implantations agricoles, attentats aveugles (comme celui du 22 février 1948, à l'aube, où l'explosion d'un camion piégé dévaste le cœur de la Jérusalem juive), entraînant des représailles tout aussi violentes de l'Irgoun, et surtout attaque des convois juifs et blocage des routes. En quatre mois, cette stratégie dite de la « guerre des routes » conduit le Yishouv au bord de la défaite. En mettant le pays à feu et à sang, le but est aussi de démontrer que le plan de partage rend la Palestine ingouvernable. De fait, avec le retrait du soutien des États-Unis à ce plan en mars 1948, la partie arabe est convaincue que sa stratégie est la plus judicieuse et que la force peut l'emporter.

À tort ou à raison, le Foyer national juif, lui, nourrit la conviction que son existence est menacée. Comme le camp adverse, il doit faire face à l'embargo sur les armes décrété par les États-Unis le 14 décembre 1947, relayé le 29 mai 1948 par celui du Conseil de sécurité de l'ONU[1]. Ben Gourion, inquiet, pousse l'exécutif à intensifier les achats d'armes en signant avec Moscou à partir de janvier 1948 (pour le compte du gouvernement tchèque) une série de contrats d'armement. Les premiers arrivages, pour l'essentiel des armes légères, ont lieu en avril 1948. Les armes lourdes (artillerie) vont suivre (après le 15 mai 1948), y compris des véhicules blindés et dix avions de chasse en pièces détachées.

1. Cet embargo restera en vigueur jusqu'au 21 août 1949.

II. – La première phase des combats (décembre 1947-fin mars 1948)

La première phase des combats (30 novembre 1947-14 mai 1948) est suivie à partir du 15 mai par une guerre conventionnelle entre l'État juif et les contingents militaires envoyés par plusieurs États arabes. Durant les quatre premiers mois de l'affrontement (décembre 1947-mars 1948), le Yishouv est mis en difficulté, mais avec l'offensive de la Haganah lancée dans les premiers jours d'avril 1948, la victoire change brutalement de camp et la défaite palestinienne est consommée en moins de six semaines.

1. **La « bataille des routes ».** – En décembre 1947, les forces arabes tentent de s'emparer des principales voies de communication (Haïfa-Tibériade, Tel-Aviv-Haïfa et Tel-Aviv-Jérusalem) à partir de villages situés généralement sur les hauteurs. En février-mars 1948, la circulation des convois juifs devient quasi impossible, la Haganah perd la plupart de ses véhicules « blindés » et des douzaines de combattants dans des embuscades où tous les membres d'un convoi, sans exception, sont tués. En mars 1948, le Yishouv déplore déjà la mort de plus de 1 000 combattants. Et la mutilation des cadavres accentue encore l'effet de terreur.

La défense des localités juives isolées est le second problème crucial du Yishouv qu'illustre en Judée le siège de quatre villages juifs dans la région dite « du Goush Etzion[1] ». Les convois envoyés à leur secours sont anéantis l'un après l'autre. L'exécutif sioniste redoute alors un effondrement total, tandis que l'extrême violence de l'affrontement anéantit toute perspective de coexistence judéo-arabe.

Parallèlement, les Anglais se retirent de Palestine. Par souci de ne pas mécontenter la partie arabe, ils refusent l'accès du pays à la commission des Nations unies chargée d'opérer la transition et poursuivent leurs livraisons d'armes aux pays arabes. Enfin, jusqu'au 14 mai 1948, ils bloquent

1. En français : « bloc Etzion », au sud de Jérusalem.

toute immigration juive. Dans le même temps, comme le signalent plusieurs observateurs étrangers, ils laissent entrer en Palestine fin décembre 1947 des milliers de volontaires de l'Armée de libération arabe.

2. **Le tournant stratégique (avril 1948).** – Encerclés depuis plusieurs mois par les forces arabes, les 100 000 Juifs de la région de Jérusalem ne sont plus ravitaillés. Pour l'exécutif sioniste, la chute de la ville serait un coup terrible. Au même moment (fin mars 1948), alors que les États-Unis retirent leur soutien au plan de partage, les routes sont bloquées, de nombreuses implantations juives sont encerclées et les quartiers juifs de plusieurs villes sont dévastés par les attentats au camion piégé. En un mot, la Haganah est en train de perdre la guerre.

Au risque d'une débâcle générale, elle doit passer à l'offensive au cours des six semaines qui la séparent du départ des Anglais. À cette date commencera en effet l'entrée des armées étrangères dans le conflit. Ce changement radical de stratégie de la force armée du Yishouv est la conséquence directe de l'étranglement des zones dispersées de peuplement juif. Tel est l'objet du « plan Dalet » distribué aux commandants de la Haganah le 10 mars 1948. Pour ses concepteurs, il doit être mis en œuvre avant l'invasion arabe annoncée. Il appelle explicitement à la destruction des « villages arabes hostiles » et à l'expulsion de leurs habitants, mais à aucun moment il ne fait mention d'une volonté d'expulser *toute* la population arabe de Palestine. Le commandement local de la Haganah va justifier l'expulsion, quand elle a lieu, par la nécessité de « briser l'étranglement des communications » et d'empêcher le « regroupement derrière les lignes » d'une population hostile (« cinquième colonne », dit-on depuis la guerre civile en Espagne) susceptible de prêter main-forte à une invasion étrangère. C'est là l'objet de l'« opération Nahshon » lancée le 6 avril 1948 qui constitue la première phase du « plan Dalet ». Elle a pour mission de désenclaver Jérusalem[1] en s'emparant des villages arabes qui surplombent

1. Ben Gourion sait toutefois qu'il faut être très prudent avec la Ville sainte : « Jérusalem c'est différent, note-t-il dans son *Journal* le 11 mai 1948. Ça peut

la route d'accès à la ville[1]. C'est lors de cette bataille, dans le village disputé d'Al Qastal que, le 8 avril 1948, Abdelkader al Husseini, principal chef militaire palestinien respecté et admiré de beaucoup, est tué. Sa mort ébranle la société palestinienne. Sur le terrain, en dépit de succès initiaux, la Haganah ne parvient pas à briser le blocus de Jérusalem.

III. – La seconde phase des combats (avril-mai 1948)

Le changement de stratégie est rendu possible par l'arrivée massive en avril 1948 des armes légères en provenance de Tchécoslovaquie. Le plan Dalet vise à prendre le contrôle des villages arabes qui enserrent les zones de peuplement juif, de les empêcher de verrouiller à nouveau les routes en constituant derrière les lignes une « population hostile » jugée « objectivement complice » de l'invasion annoncée. Le commandant du Palmah, Ygal Allon, explique que la violence des dix dernières années a anéanti toute possibilité de coexistence judéo-arabe, un jugement que partage la majorité des dirigeants juifs.

Le cas de Safed (Galilée) est emblématique de cette situation. Les Anglais évacuent la ville le 16 avril 1948 et remettent aux forces arabes deux positions militaires importantes. La Haganah veut s'emparer de la ville avant le début de l'invasion[2]. Ce qui se passe à Safed va se répéter ailleurs, et selon le *modus operandi* défini par le plan Dalet, un plan qui « a un but essentiellement militaire, explique Henry Laurens, et n'est pas un plan politique d'expulsion des populations arabes[3] ». Aux yeux des dirigeants du Yishouv, l'expulsion est

provoquer l'antagonisme du monde chrétien », cité in B. Morris, *1948…*, *op. cit.*, p. 163.

1. Mais cette région figure dans le futur État arabe de Palestine.
2. Le chef du Palmah évoque « des dizaines de milliers d'Arabes hostiles que nous ne pouvions pas laisser derrière nous en Galilée orientale et qui, dans l'éventualité d'un conflit, se soulèveraient contre nous » (cité *ibid.*, p. 160).
3. In H. Laurens, *Paix et guerre au Moyen-Orient*, Paris, Armand Colin, 1999 ; rééd. 2005, p. 85.

la conséquence d'un état de guerre totale, elle entend parer préventivement à une menace de destruction et de massacre.

1. **Une société ébranlée.** – Avril 1948 est décisif dans le sort de la Palestine. Au début du mois, la défaite palestinienne autour du kibboutz Michmar Ha'Emek, situé sur l'axe routier Haïfa-Jénine, est emblématique de la guerre tout entière : la Haganah brise l'étau des forces arabes et s'empare de plusieurs villages dont la population s'enfuit ou est expulsée. La nouvelle de la destruction des villages propage la panique aux villages arabes voisins, un scénario qui se déroulera ailleurs, à l'identique.

L'effondrement de la société palestinienne en quelques semaines du printemps 1948 est directement corrélé à la rapidité des événements qui la frappent. Alors que la population est abandonnée par ses élites, elle apprend en quelques jours la mort d'Abdelkader al Husseini (8 avril), le massacre de Deir Yassin (9 avril), la défaite devant Michmar Ha'Emek (8 au 10 avril), la chute de Tibériade, de Safed et de Haïfa entre le 16 et le 22 avril, une accumulation de revers dont l'effet est moralement désastreux.

À Haïfa, deuxième ville de Palestine et plus grand port du pays, qui compte autant de Juifs (70 000) que d'Arabes[1], les affrontements commencent le 21 avril 1948. Pourtant, dès le début du mois, un grand nombre de dirigeants arabes avaient déjà quitté la ville. Les miliciens arabes, mal coordonnés et manquant d'armes lourdes, affrontent des troupes juives mieux armées et positionnées sur les hauteurs de la ville. Dès le 22 avril, les chefs arabes demandent une trêve sous la houlette du général anglais Stockwell. La négociation a lieu l'après-midi même entre délégués arabes, délégués de la Haganah, le général Stockwell et le maire de la ville, Shabtaï Lévy, apprécié de tous ses administrés selon de nombreux témoignages. Après avoir consulté le Haut Comité arabe réfugié à Damas, la délégation arabe, en majorité chrétienne, revient à la table de négociation et déclare qu'elle

1. Les quartiers arabes sont situés en bas de la ville, le long de la mer et autour du port tandis que les quartiers juifs sont sur les pentes.

appellera à évacuer la ville. Stupéfaits, le général Stockwell et le maire l'implorent de « reconsidérer sa position ». Pour toute réponse, le chef de la délégation déclare « qu'ils n'ont pas le choix ». En appelant à un cessez-le-feu sans ordre de quitter la ville, ils craignent en effet d'être accusés de trahison par le Haut Comité arabe. Début mai 1948, seuls 5 000 Arabes demeurent encore à Haïfa sur les 70 000 qui y vivaient quelques mois plus tôt.

En violation du plan des Nations unies (résolution 181), l'Irgoun attaque Jaffa le 25 avril 1948 alors que la ville, la plus importante de la Palestine arabe avec 80 000 habitants, doit faire bientôt partie de l'État arabe. Perçue comme une enclave à l'intérieur de l'État juif, la Haganah n'est pas mécontente du siège de Jaffa, dont un quart des habitants, généralement les plus aisés, avaient déjà fui vers le Liban dès février 1948. Sous le feu de l'Irgoun trois jours durant (25-27 avril 1948), la population s'enfuit en masse par voie de mer, une population d'autant plus démoralisée que les villages arabes alentour sont tombés eux aussi.

Furieux, Ernest Bevin ordonne à l'armée anglaise de défendre la ville. L'Irgoun se retire presque aussitôt, mais dans le chaos général, privée de chefs, l'ordre public s'effondre à Jaffa dont les habitants sont toujours plus nombreux à fuir. Le ravitaillement limité, la cité est livrée au pillage, auquel participent même des soldats de l'Armée de libération arabe. Début mai 1948, il ne reste que 5 000 habitants dans la ville, qui capitule le 13 mai, à la veille du départ des Anglais. L'exode, ici, n'est pas le résultat d'un ordre formel d'expulsion, mais plus sûrement la conséquence des combats et de la peur d'une domination étrangère à venir.

Parce qu'il s'agit de « ne pas laisser de concentration arabe derrière les lignes juives[1] », explique Henry Laurens, en Galilée, dans la zone dévolue au futur État juif, la Haganah conquiert début mai 1948 des villages arabes et en détruit plusieurs d'où la population a fui ou a été expulsée. Au sud de Jérusalem, les quatre villages juifs du Goush Etzion, isolés

1. In H. Laurens, *La Question de Palestine III. L'Accomplissement des prophéties (1947-1967)*, Paris, Fayard, 2007, p. 95.

en secteur arabe, sont pris d'assaut le 13 mai 1948. Dans le premier village à s'être rendu, Kfar Etzion, plus de 150 soldats juifs capitulent. Après avoir été photographiés en groupe, ils sont massacrés par des milices palestiniennes[1]. On compte quatre survivants. Les quatre villages sont rasés.

Le Goush Etzion pose la question des frontières de l'État juif, à propos de laquelle les dirigeants du Yishouv demeurent évasifs depuis le début des hostilités. Si « nos forces sont suffisantes », déclare Ben Gourion le 12 mai 1948, « pourquoi nous condamnerions-nous à un plus petit État ? »[2].

2. **Les massacres : Deir Yassin (9 avril 1948) et le convoi de l'hôpital Hadassah (13 avril 1948).** – Avant le 15 mai 1948, les Juifs capturés par les Palestiniens sont quasi systématiquement exécutés, civils inclus, femmes et enfants également. Dans les premières semaines de combat, faute de structures d'internement, la Haganah exécute elle aussi certains prisonniers avant de mettre en place un camp de détention au nord de Tel-Aviv. Après le 15 mai 1948, les prisonniers juifs capturés par les armées régulières arabes sont conduits en captivité, mais plusieurs d'entre eux sont assassinés en chemin.

Situé à quelques kilomètres à l'ouest de Jérusalem, le village arabe de Deir Yassin (610 habitants) participe aux combats autour de la Ville sainte. Le 9 avril 1948, 110 combattants de l'Irgoun et du Lehi investissent les lieux. C'est le début d'une longue bataille de douze heures où les civils (qui ici, *a contrario* de situations similaires, n'ont pas fui) et les miliciens, mêlés, tous dépourvus d'uniforme, se défendent âprement. Le bilan est lourd des deux côtés. En dépit de l'écho de la bataille, ni les Anglais ni les forces arabes voisines n'interviennent. Le nombre élevé de civils tués est dû à la bataille rangée. Le massacre, lui, a lieu *après* la reddition.

La plus récente synthèse sur l'événement est due à l'historien palestinien Sharif Kan'ana (université Bir Zeit[3]) qui

1. Voir *infra*, p. 93.
2. In B. Morris, *1948...*, *op. cit.*, p. 177.
3. Son texte est intitulé « Réinterpréter Deir Yassin ».

soutient en avril 1998 que 25 jeunes villageois ont été exécutés *après* les combats dans une carrière voisine. Le reste, explique-t-il, relève de la propagande nourrie *des deux côtés*. Dans son communiqué de victoire, en effet, l'Irgoun affirme avoir tué 254 ennemis, une rodomontade reprise ensuite, sans vérification, par un grand nombre d'auteurs[1]. Comme si chacun avait intérêt à amplifier ce bilan : la Haganah, pour ternir l'image de l'Irgoun et du Lehi, les Arabes et les Anglais, pour ternir l'image du Yishouv, l'Irgoun et le Lehi, pour semer la terreur. La propagande palestinienne s'engouffre dans la brèche jusqu'à évoquer 400 victimes tandis que le Shaï parle de 110. Sharif Kan'ana avance, lui, le chiffre de 107, un bilan sur lequel chacun s'accorde aujourd'hui.

Deir Yassin va semer l'effroi au sein de la population arabe et amplifier l'exode palestinien. L'écho considérable donné à ce massacre contribue à occulter d'autres tragédies. Ainsi, les troupes juives (puis israéliennes) auraient perpétré 24 autres massacres, certains touchant ici quatre ou cinq personnes, et là 70 voire davantage[2]. Au total, plus de 800 civils arabes (dont des prisonniers de guerre) en auraient été victimes, souvent en représailles. Il semble en effet que le Palmach ait exécuté de nombreux villageois arabes (comme à Eilabun), tenus pour responsables des atrocités commises sur des prisonniers juifs.

Une moitié de ces massacres ont lieu à l'automne 1948, en particulier en Galilée lors de l'« opération Hiram » (par exemple, à Saliha, environ 70 morts, à Safsaf, à Majdal Krum, à Arab al Muwasi), ou en Judée, comme à Dawayima, près de Hébron, les 29 et 30 octobre 1948, où le bilan semble plus lourd. Et trois mois auparavant, le massacre perpétré à Lydda les 11 et 12 juillet 1948 (près de 250 morts). Dans la plupart des cas, ces massacres ont lieu lors de la conquête de plus de 400 villages arabes. En face, les revers militaires n'ont pas permis la prise de nombreuses localités juives, ce qui a sans doute limité le nombre des exactions.

---

1. En 2022, le musée Yasser-Arafat à Ramallah fait état de 107 victimes à Deir Yassin.
2. B. Morris, in *Haaretz*, 8 janvier 2004.

Les massacres contre des civils juifs furent la règle dès le début des années 1920. Début décembre 1947, à la raffinerie de Haïfa, 39 travailleurs juifs sont tués par leurs collègues arabes en représailles à un attentat commis par l'Irgoun. Le 2 décembre 1947, à Jérusalem, une foule armée de haches et de couteaux s'en prend à des civils juifs, puis le 12 décembre 1947, 28 d'entre eux sont massacrés dans le quartier juif de Jérusalem. Quand ils sont remis à leurs ennemis par les troupes anglaises, à l'instar de quatre soldats juifs le 12 février 1948, à Jérusalem, ils sont châtrés puis lynchés. En avril 1948, les blessés juifs de l'hôpital français de Jaffa sont assassinés puis décapités[1].

Ces massacres créent un climat de terreur (c'est le but) qui induit l'exode, tant arabe que juif (70 000 Juifs quittent les zones les plus dangereuses). Emblématique à cet égard est la mise à mort, quatre jours après Deir Yassin, le 13 avril 1948, du convoi médical de l'hôpital Hadassah (Jérusalem) : dix véhicules chargés de matériel médical et occupés par des médecins, des infirmières et des blessés, des professeurs d'université et quelques soldats destinés à assurer leur sécurité. Tombé tôt le matin dans une embuscade, le convoi est mitraillé durant six heures sans qu'interviennent les forces anglaises pourtant postées à proximité et responsables de cette zone. Au terme du mitraillage, 77 personnes sont brûlées vives (la plupart seront difficilement identifiées). Seule l'intervention tardive des troupes anglaises (sept heures après le début de l'attaque) empêche l'extermination complète du convoi.

3. **Au seuil du retrait anglais. 14 mai 1948.** – Le 1er avril 1948, le Conseil de sécurité de l'ONU appelle à une trêve en Palestine avant une mise sous tutelle (demandée par les États-Unis) qui empêcherait le partage. Après le refus des deux camps, Marshall suggère une prolongation du mandat de dix jours, le temps de négocier un accord entre les deux parties. Cette fois, les Anglais déclinent. *In extremis*, le 7 mai 1948, Marshall propose une trêve de trois mois : elle est refusée par

---

1. Cité in A. Gresh et D. Vidal, *Palestine 1947. Un partage avorté*, Bruxelles, André Versaille, 1987 ; rééd. 2008, p. 108.

la partie juive. À la question posée par le président Truman à ses conseillers de savoir s'il faut ou non reconnaître l'État juif, le ministère de la Défense et le Département d'État, à nouveau et à l'unisson, répondent « non ».

En cas de victoire militaire, le Haut Comité arabe explique qu'il acceptera comme citoyens de Palestine les Juifs déjà installés dans le pays avant la mise en place du mandat (juillet 1922), soit 20 % de la population, sans se prononcer sur le sort des 80 % restants[1]. Or, depuis décembre 1947, les combats nourrissent des flux de réfugiés juifs et arabes : 70 000 réfugiés juifs (15 % de la population) se pressent à l'intérieur du Yishouv, rendus inquiets par la connaissance du sort dévolu à toute localité juive tombée aux mains des forces palestiniennes, rasée, et ses habitants tués. La « guerre totale » [*sic*] déclarée contre les Juifs porte en elle la tragédie de l'exode arabe.

IV. – L'effondrement

La société palestinienne s'effondre en moins d'une année. L'absence d'un appareil d'État en gestation relayant l'autorité britannique sur le départ, une logique clanique rebelle à l'émergence d'un sentiment national, conjugué à la fuite des élites dès les premiers combats comptent parmi les principaux facteurs de ce désastre. À cela s'ajoutent l'absence de coordination des opérations militaires et, comme dans tous les conflits, la peur des combats et des bombardements qui font fuir les populations civiles. Une peur renforcée depuis des décennies dans les deux communautés par les préjugés et les rumeurs, une peur qui nourrit l'exode et s'étend par effet de contagion de village en village. Entre décembre 1947 et début avril 1948[2], *avant* la défaite militaire des Palestiniens, près de la moitié de la population a déjà fui.

---

1. En janvier 1948, Izzedin Shawa, représentant du Haut Comité arabe, répond à un diplomate américain à propos de son objectif de combat : « Jeter les Juifs à la mer », cité in N. Weinstock, *Terre promise...*, *op. cit.*, p. 350.
2. C'est *partiellement* le cas à Haïfa où l'essentiel de la population arabe quitte la ville au mois d'avril 1948.

On assiste en premier lieu (janvier-février 1948) à l'exode d'une partie des élites convaincues que leur exil sera de courte durée. Début avril 1948, la contre-attaque juive fait planer un climat de panique qui voit fuir en quelques semaines 300 000 personnes hors des zones de combat. Enfin, après l'invasion générale (15 mai 1948), déferle une troisième vague de réfugiés, celle-là constituée majoritairement de civils expulsés par l'armée israélienne pour les « raisons stratégiques » déjà mentionnées. Au total, près de la moitié des réfugiés arabes fuient la guerre, les représailles, le chaos économique et l'anarchie intérieure sans avoir été explicitement expulsés.

En vingt-deux mois (décembre 1947-septembre 1949), entre 600 000 et 750 000 Palestiniens (plus de la moitié de la population arabe du pays) deviennent des réfugiés. « La motivation la plus générale de la fuite des Arabes, notait Maxime Rodinson en 1967, semble avoir été tout simplement la panique devant la guerre comme en Espagne en 1939 ou en France en 1940[1]. » Une panique alimentée par les rumeurs, comme celle qui amplifie le bilan de Deir Yassin, et qui se propagent dans les quartiers arabes. Des *deux côtés*, des récits *hystériques* sur l'événement encouragent la population arabe à fuir les combats qui se rapprochent et la crainte des « représailles juives[2] » contre les localités arabes qui ont pris part aux embuscades ou ont participé à des massacres. « Les villageois arabes, explique Benny Morris, comme les citadins furent poussés par la peur du sort que les Juifs, devenus victorieux, leur feraient subir, un sort que dans des circonstances similaires, mais inversées, des combattants arabes victorieux auraient fait subir aux Juifs, et leur ont effectivement fait subir comme dans le cas du Goush Etzion au mois de mai 1948. C'est cette crainte qui leur fit prendre le chemin de l'exil, une conviction renforcée par le massacre de Deir Yassin qui fut amplifiée par les médias arabes[3]. »

1. In M. Rodinson, « Israël, fait colonial ? », art. cité, p. 80.
2. Voir B. Morris, *The Birth of the Palestinian Refugee Problem (1947-1949)*, *op. cit.*, p. 288.
3. *Ibid.*

Les dirigeants arabes auraient-ils incité la population palestinienne à quitter le pays avant l'offensive générale du 15 mai 1948 ? S'il en existe quelques preuves avant cette date, elles sont très rares après. Par exemple, l'appel du recteur de la mosquée Al Azhar du Caire, les 18 et 24 mars 1948 : « Il faut que [nos frères arabes] quittent provisoirement le pays afin que nos combattants exercent, dans une liberté totale, l'œuvre d'extermination. » Après la défaite, le 19 février 1949, le journal *Filastin* publié en Jordanie écrit :

> Les États arabes ont encouragé les Arabes de Palestine à quitter temporairement leurs foyers afin de ne pas gêner les armées d'invasion. Ils n'ont pas tenu leurs promesses de venir en aide aux réfugiés.

Il est donc erroné d'affirmer qu'il n'y aurait eu aucun appel arabe à évacuer le territoire. Mais ces appels demeurent peu nombreux et c'est pourquoi, à l'inverse, il paraît abusif d'affirmer que les dirigeants palestiniens ont unanimement encouragé l'exode. On relève, au contraire, dans les radios et les journaux locaux, de nombreux appels à rester et à se battre. Mais comme toutes les populations civiles plongées dans la guerre, les villageois (ou les citadins) s'enfuient *parce qu'ils ont peur*.

S'il n'y a presque pas trace d'un plan d'expulsion avant juillet 1948, après cette date en revanche l'expulsion est de plus en plus souvent la norme. Comme le montre le cas des villes arabes voisines de Ramleh et de Lydda, situées à 15 kilomètres de Tel-Aviv. Pour autant, on ne saurait systématiser, comme en témoigne le cas de Nazareth, tombée aux mains des Israéliens en même temps que Lydda et Ramleh, mais où ces derniers ne procèdent à aucune expulsion. Nazareth n'est pas un enjeu stratégique : c'est une ville à majorité chrétienne et l'État d'Israël veille à ne pas heurter le monde occidental. Si, à l'évidence, la fuite de la population arabe sert les intérêts à long terme de l'État d'Israël, *avant juillet 1948 au moins*, cela n'en fait pas le maître d'œuvre de l'exode.

Le vocable arabe *Nakba* désigne à la fois l'exode palestinien et la création de l'État juif. Utilisé pour la première fois en 1948 par le professeur d'histoire Constantin Zurayk de l'université américaine de Beyrouth dans un ouvrage intitulé *Ma'nat al Nakba* (« La signification du désastre »)[1], le mot signifie « cataclysme » ou « calamité ». Au total, 750 000 Palestiniens sur 1 250 000 environ (57 % de la population arabe) sont victimes de l'exode. Au terme de cette épreuve, en 1949, les deux tiers d'entre eux demeurent entre le Jourdain et la Méditerranée, sur le territoire de l'ancienne Palestine mandataire[2]. Les autres se réfugient au Liban, en Syrie, en Transjordanie et, pour un faible nombre, en Égypte. Dans le monde arabe, l'« opinion publique » condamne l'exode en termes sévères. Sous la pression, les gouvernements ralentissent le rythme de délivrance des visas (en décembre 1947, la directive était inverse). La corruption de nombreux employés des consulats va faire grimper le prix des visas et aggraver la détresse des réfugiés.

Certains exodes comme celui des Arabes de Haïfa interrogent. Près des deux tiers de la population arabe, en effet, avaient déjà quitté la ville avant le début des combats, les dirigeants musulmans en tête. La délégation arabe (chrétienne) a-t-elle subi des pressions du Haut Comité arabe de Damas pour récuser un accord qui permettait à la population arabe de demeurer chez elle ? Pourquoi avoir choisi de partir alors qu'un accord était trouvé avec la Haganah sous l'égide de l'armée anglaise ? Pour expliquer la défaite, de nombreux milieux arabes palestiniens ont longtemps évoqué « la trahison des dirigeants », accusés d'avoir fui après avoir accepté « l'argent des Juifs »[3], un narratif qui donnait à voir, partout et toujours, une population chassée par les Israéliens. Aujourd'hui, au moins pour partie, cette version des faits apparaît comme une reconstruction mémorielle dont la fonction première est d'amoindrir, sinon d'effacer, tout sentiment de culpabilité face à une population souvent abandonnée dès les premiers combats.

1. Cette expression avait déjà été utilisée en 1920, une année qualifiée d'« année de la catastrophe » parce que le « grand royaume arabe » promis par les Anglais (et les Alliés) en 1915-1916 n'avait pas vu le jour ; voir *supra*, p. 20.
2. Voir N. Picaudou, *Les Palestiniens…*, *op. cit.*, p. 114.
3. Voir Y. Gelber, *Palestine 1948…*, *op. cit.*, p. 143, note 46.

Passé le danger immédiat, un certain nombre de Palestiniens retournent discrètement dans leurs villages, mais, depuis Beyrouth, ce retour est condamné par le Haut Comité arabe, qui y voit « la première étape de la reconnaissance de l'État d'Israël et de la partition par les Arabes[1] ». En face, les autorités israéliennes s'opposent, elles aussi, au retour des réfugiés en invoquant la crainte d'une « cinquième colonne » et ne laissent subsister qu'une cinquantaine de villages sur les 400 qui sont demeurés à l'intérieur des frontières d'Israël en 1949[2].

---

1. Déclaration du secrétaire du Haut Comité arabe, Émile Ghoury, en août 1948, cité in N. Weinstock, *Terre promise...*, *op. cit.*, p. 409.
2. La guerre terminée, de nombreux villageois arabes se tournent vers la Cour suprême de l'État d'Israël pour obtenir réparation. Certains obtiennent gain de cause. Voir l'affaire du village d'Ikrit sur la frontière libanaise en 1951.

CHAPITRE XI

La guerre généralisée (mai 1948-avril 1949)

Le mandat britannique se termine le 14 mai 1948 à minuit, mais l'évacuation des forces armées n'est achevée que le 30 juin. Bevin charge ses ambassadeurs de « modérer » les gouvernements arabes qui, rapporte un diplomate anglais, sont « dans un état d'euphorie et ne sont pas prêts à entendre raison[1] ». Il faut se souvenir que l'acmé militaire du conflit a lieu dans les premiers mois de la guerre froide, entre le « coup de Prague » (février 1948) et le blocus de Berlin (juin 1948), un contexte singulier qui contribue à dramatiser les enjeux locaux.

I. – 14 mai 1948 : la stratégie de l'État juif

Le 14 mai 1948, le Haut Comité arabe aurait dû proclamer l'État arabe de Palestine, mais il s'y refuse, car c'eût été accepter *de facto* le partage. Ce même jour, dans l'après-midi, au musée de Tel-Aviv, David Ben Gourion proclame l'indépendance de l'État d'Israël :

> L'État d'Israël [...] accordera la pleine et totale égalité sociale et politique à tous ses citoyens sans distinction de race, de croyance et de sexe. [...] Nous tendons la main à tous les pays voisins et à leurs peuples et nous leur offrons la paix et des relations de bon voisinage[2].

1. Sir Alec Kirkbrid, l'un des responsables du Foreign Office, in rapport du 15 mai 1948 cité in Y. Gelber, *Palestine 1948...*, *op. cit.*, p. 174.
2. Cité in D. Bourel, *Martin Buber, sentinelle de l'humanité*, Paris, Albin Michel, 2015, p. 545.

Onze minutes plus tard, les États-Unis reconnaissent *de facto* le nouvel État. L'Union soviétique le reconnaît *de jure* le 17 mai et établit avec lui des relations diplomatiques. La France et le Royaume-Uni le feront au cours du premier semestre 1949.

Dans le Yishouv, les forces armées fusionnent le 26 mai 1948 pour former une armée moderne (Tsahal, acronyme hébraïque pour *Tsva Haganah Le Israël*, « Armée de défense d'Israël ») sous un commandement unique, dirigée par le pouvoir civil. Sur le plan stratégique, l'État juif surestime le péril syro-irako-jordanien et sous-estime en revanche la place de l'Égypte dans le monde arabe. Il évalue mal les capacités militaires des armées arabes sans entendre que le souci premier de ces gouvernements est d'empêcher un effondrement total des Palestiniens.

Au 14 mai 1948, sur le papier au moins, la supériorité des forces arabes est écrasante, elles possèdent aviation, artillerie, blindés et armement léger, alors qu'il n'y a encore ni avion ni corps de blindés côté juif. Depuis des années toutefois, un réseau clandestin d'approvisionnement en armes a été mis en place en Europe et en Amérique du Nord, qui permet d'en acheter de grandes quantités grâce au soutien de la diaspora américaine[1]. Les forces israéliennes disposent par ailleurs de milliers d'officiers et de soldats ayant acquis durant la Seconde Guerre mondiale un savoir-faire et un esprit d'offensive qui manquent aux troupes adverses. Leur système de communication est efficace, leur réseau de renseignement en revanche est déficient. Enfin, près de 4 000 volontaires, juifs et non juifs, affluent de l'étranger. L'armée compte 35 000 combattants le 15 mai 1948, 88 000 en octobre 1948[2] face aux 67 000 hommes des armées arabes.

En août 1947, la CIA, comme le gouvernement britannique, mise sur une victoire arabe en cas de conflit généralisé.

---

1. De la branche révisionniste, entre autres, dirigée par Peter Bergson, qui finance l'Irgoun. C'est cette branche qui achète un cargo qu'elle va baptiser *Altalena*, en référence au nom de plume de Zeev Jabotinsky.
2. Soit 16 % de la population enrôlée. Et 115 000 combattants au printemps 1949.

Les responsables militaires juifs eux-mêmes doutent. Fin mai 1948, sur le plan matériel, le déséquilibre apparaît flagrant en faveur des Arabes[1], mais leurs appareils militaires n'ont pas de véritable expérience du combat et, à l'exception de la Légion arabe, ils connaissent à peine la géographie de la Palestine. Ils ne disposent pas non plus d'un commandement militaire unifié. Enfin, la plupart des contingents sont commandés par des officiers supérieurs dont la promotion tient davantage au favoritisme ou à l'appartenance clanique qu'à leurs compétences. Les forces arabes bénéficient toutefois de deux atouts : elles tiennent les reliefs élevés et disposent d'une réelle supériorité en matière d'armes lourdes. En revanche, la détermination des soldats juifs apparaît plus solide, ils sont convaincus, à tort ou à raison, qu'une défaite entraînerait un massacre généralisé. Trois ans après la fin du génocide, le traumatisme européen hante ces jeunes combattants.

II. – La Ligue arabe et les Palestiniens : stratégie, atouts et faiblesses

Probablement décidée vers le 10 avril[2], l'invasion est planifiée au cours de négociations internes (Amman, 29 avril 1948, puis Damas, 11-13 mai 1948) et suit les plans du roi Abdallah, qui est d'autant plus écouté qu'il dirige la seule force arabe crédible dans la région. Le 26 avril 1948, il annonce son intention d'occuper la Palestine.

Les États arabes semblent réticents à envoyer des troupes en grand nombre. D'une part, parce qu'elles constituent la garantie de leur maintien au pouvoir. D'autre part, parce qu'ils les savent inexpérimentées et dotées d'équipements souvent obsolètes. Reste qu'ils doivent s'engager face à une colère populaire qui gronde et qui s'en prend de plus en plus aux communautés juives locales. Le discours arabe évoque

1. Les forces arabes conjuguées disposent de 75 avions de combat, 40 chars et 500 véhicules blindés.
2. Voir *supra*, p. 73.

un massacre de grande ampleur : « Nous vous effacerons de la surface de la Terre. [...] Ce sera une guerre d'extermination et un massacre mémorable dont on se souviendra comme des massacres mongols et des Croisades[1] », déclare à New York le 15 mai 1948 le secrétaire général de la Ligue arabe. « Les Arabes étaient déterminés à ne pas laisser passer l'occasion de débarrasser la Vieille Ville de son incrustation juive », témoigne depuis Jérusalem Pablo de Azcárate, secrétaire de la commission de l'ONU pour la Palestine, « que leur objectif consistait non seulement en l'évacuation de la Haganah, mais en l'expulsion complète et totale de la population juive[2] ». Au 15 mai 1948, défaits par la Haganah, les Palestiniens semblent déjà évincés du combat et, dans les zones destinées à former l'État arabe de Palestine, des gouverneurs égyptiens ou jordaniens sont chargés des affaires civiles au prétexte que la société palestinienne est en proie au chaos.

III. – Premiers combats (mai-juillet 1948)

1. **L'offensive arabe : mai-juin 1948.** – La Légion arabe, une armée professionnelle dirigée par le général anglais Glubb, dispose de deux brigades mécanisées et d'un régiment blindé, mais n'a ni chars ni avions, et ses réserves de munitions sont insuffisantes.

La force égyptienne d'intervention (passée de 6 000 hommes en mai à 14 000 en octobre 1948[3]) est surtout forte de sa puissance aérienne et de sa supériorité navale. Durant les trois premières semaines de combat, l'aviation égyptienne a la maîtrise du ciel. Au sol, deux colonnes blindées remontent l'une vers Tel-Aviv, l'autre vers Jérusalem *via* Beersheba et Hébron. La première, menée par les Frères musulmans, s'empare d'Ashdod 32 kilomètres au sud de Tel-Aviv. Elle assassine les prisonniers de guerre israéliens, le personnel de santé et les secouristes.

---

1. Cité in N. Weinstock, *Terre promise...*, *op. cit.*, p. 368.
2. In *Mission in Palestine (1948-1952)*, Washington, The Middle East Institute, 1966, p. 66.
3. L'armée égyptienne compte 55 000 hommes.

Au nord, un modeste contingent libanais (moins de 1 000 hommes) et surtout syrien (7 000 hommes) pénètre en Israël où il s'empare de plusieurs kibboutz, tandis que le contingent irakien (5 000 hommes) intervient au centre du pays et arrive, fin mai 1948, à moins de onze kilomètres de la Méditerranée en menaçant de couper en deux le territoire israélien.

La Légion arabe entre en Palestine le 15 mai 1948, elle a pour mission d'occuper la région centrale du pays (de Jéricho à Ramallah), en ne dépassant pas les lignes du partage décidé par l'ONU. Elle y parvient dès le 21 mai 1948 sans avoir rencontré les forces israéliennes. Disponible, la Légion est alors appelée à la rescousse par les contingents arabes en difficulté sur les autres fronts. Mais voler à leur secours reviendrait à violer l'accord secret conclu entre le monarque jordanien et l'État juif. C'est pourquoi la Légion dirige ses forces vers Jérusalem, qui constitue la pomme de discorde la plus grave entre l'État d'Israël (l'ONU a soustrait Jérusalem de l'État juif) et le souverain hachémite. Entre le 25 et le 30 mai 1948, les Israéliens lancent assaut sur assaut pour briser le blocus et sont chaque fois repoussés, accusant de lourdes pertes. Avec l'accord des militaires, les Juifs orthodoxes se rendent le 28 mai 1948. La bataille de Jérusalem n'en continue pas moins jusqu'à ce que les Israéliens cassent le blocus le 8 juin 1948 en ouvrant une route de contournement (dite « route de Birmanie »). Le siège arabe est levé.

Le 20 mai 1948, l'ONU nomme le comte suédois Folke Bernadotte au poste de médiateur en Palestine. Il est assisté de l'Américain Ralph Bunche, rédacteur du rapport final de l'UNSCOP. Le diplomate suédois est rapidement convaincu par ses conseillers que le roi Abdallah est l'acteur majeur du conflit et « qu'un État arabe en Palestine n'est plus à l'ordre du jour[1] ».

Après un cessez-le-feu refusé par les deux camps (22 mai), l'ONU propose le 29 mai une trêve de quatre semaines (à partir du 11 juin 1948), assortie de la création d'un groupe

1. In H. Laurens, *La Question de Palestine III*, *op. cit.*, p. 133.

d'observateurs militaires venus de France, de Belgique et des États-Unis. La trêve est accueillie dans le camp arabe avec soulagement, les munitions manquent, l'argent aussi pour payer les soldes des combattants. Les forces israéliennes sont tout autant épuisées, plus de 1 600 Israéliens ont été tués[1] depuis le 15 mai (dont 1 200 soldats). La trêve est toutefois violée par tous les belligérants, en hommes et en matériel, voire par la poursuite du blocus des Juifs de Jérusalem privés de ravitaillement en eau.

La Ligue arabe rejette toute proposition de négociation impliquant la reconnaissance de l'État d'Israël. En proie à des opinions publiques surchauffées, elle récuse toute prolongation du cessez-le-feu alors que les responsables militaires arabes, lucides sur un rapport de force qui leur est défavorable, déconseillent de reprendre l'offensive.

2. **La reprise des combats : « la guerre des Dix Jours ».** Israël accepte la prolongation de la trêve mais, refusée par ses adversaires, les combats reprennent le 9 juillet 1948 (le 8 pour l'Égypte[2]). Dans le camp arabe, les revers s'accumulent en quelques jours avec, au nord, la désertion des Druzes et, au centre, la chute de deux grandes villes arabes situées près de Tel-Aviv et de l'aéroport international. Ramleh (60 000 habitants, dont 20 000 réfugiés) capitule le 11 juillet, et Lydda (Lod) le lendemain. L'état-major israélien veut à toute force éviter la constitution d'un foyer de population hostile à l'intérieur des frontières et situé sur l'axe stratégique Tel-Aviv-Jérusalem. Avec l'accord de Ben Gourion, l'ordre est donné d'expulser la population. Positionné à proximité, le corps expéditionnaire irakien n'intervient pas.

Au nord, les Israéliens ne parviennent pas à desserrer l'étreinte des Syriens, mais ils s'emparent de Nazareth, en Galilée (16 juillet), et prennent le contrôle des villages environnants, chrétiens eux aussi, sans en expulser la population[3]. Ce faisant, les forces israéliennes s'emparent de 1 300 kilomètres

1. Soit un quart des pertes de l'État juif pendant toute la durée de la guerre.
2. Voir *infra*, p. 106.
3. Voir *supra*, p. 96.

carrés du territoire de l'État arabe de Palestine. Enfin, à court de munitions, et le Trésor public étant dans l'incapacité de payer les soldes des combattants, la Légion arabe est au bord de l'effondrement. Elle est sauvée par Londres, qui s'engage publiquement à « assurer l'avenir » [*sic*] du royaume hachémite.

Alors que partout les forces arabes piétinent ou reculent, le roi Abdallah est favorable à une trêve. Il y rallie les États arabes qui acceptent le cessez-le-feu fixé (sans limite de durée) au 18 juillet. Parallèlement, Bernadotte tente de convaincre ses interlocuteurs arabes (qui continuent à défendre l'idée d'une Palestine unitaire dont ni les Israéliens ni les Jordaniens ne veulent) que l'État d'Israël est un fait établi, et que le projet d'une minorité juive au sein d'un État arabe palestinien est peu crédible, expliquant que pour les Juifs l'égalité des droits en terre arabe est une chimère.

L'amorce de dialogue entre Israël et la Jordanie (août 1948) bute d'emblée sur la question des réfugiés, dont l'État juif refuse le retour en avançant que « la question ne sera abordée que dans le cadre d'un règlement global » [*sic*]. Une réponse répétée ensuite à plusieurs reprises à tous ses interlocuteurs, y compris aux Nations unies.

IV. – L'exode palestinien

1. **Les réfugiés.** – Le 16 juin 1948, Ben Gourion réunit son gouvernement au complet pour statuer sur la question du « retour des réfugiés ». La rencontre aboutit à une décision (consensuelle) de refus « tant que durera l'état de guerre » au nom d'une « considération stratégique », ainsi que l'explique le chef du gouvernement provisoire : le refus quasi unanime de l'existence de l'État juif lui interdit de laisser derrière ses lignes des « populations hostiles ». À la veille de la reprise des hostilités (9 juillet 1948), l'ordre est donné de ne détruire aucun village ni d'expulser aucun groupe de population sans « autorisation spéciale du ministère de la Défense ». Mi-juillet 1948, l'armée israélienne dénombre déjà 400 000 réfugiés que la Ligue arabe répartit parmi les États membres, non

sans tensions avec les autochtones. Premiers pays d'accueil, la Transjordanie et le Liban n'en affrontent pas moins la véhémence d'une presse arabe qui les accuse de « négliger les réfugiés ».

Les dernières offensives israéliennes (octobre 1948 dans le Néguev et en Galilée[1]) jettent sur les routes 230 000 autres réfugiés. À cette époque, les populations arabes se montrent moins enclines à fuir qu'aux premiers temps du combat, elles savent la misère qui les attend et redoutent un départ définitif. À leur endroit, la politique israélienne paraît chaotique : dans certains cas, l'armée chasse la population vers le Liban, dans d'autres cas, elle la repousse vers l'intérieur de la Galilée. Le 16 novembre 1948, Ben Gourion ordonne de cesser toute expulsion.

Dans les années 1980, à partir d'archives déclassifiées, l'historien israélien Benny Morris étudie 369 localités palestiniennes touchées par l'exode. Son enquête, novatrice, parue en 1987, montre qu'il n'y a pas eu de départ massif à la suite d'un ordre venu de dirigeants arabes, de même qu'il n'y a pas eu de la part de l'État d'Israël une politique *systématique* d'expulsion. Dans plus de 56 % des localités étudiées, la population arabe fuit devant l'assaut des forces israéliennes, un comportement qu'on retrouve à l'identique, chez tous les civils, sur tous les théâtres de guerre.

Parallèlement, l'État d'Israël intègre en trois ans (1948-1951) 688 000 immigrants juifs dont une moitié (49,7 %) originaire du monde arabo-musulman. Le gouvernement israélien met en avant ces arrivées massives pour plaider l'impossible retour des réfugiés palestiniens, faisant valoir que les logis sont désormais occupés par les nouveaux immigrants. À ce sujet, en prenant appui sur la montée des violences antijuives dans le monde arabe[2], certains évoquent un « échange » de populations, à l'instar de celui qu'avait prévu l'accord gréco-turc de 1922. Mais l'État d'Israël récuse cette idée.

1. Voir *infra*, p. 104.
2. Pogrom de Constantine (1934), *Farhoud* de Bagdad (1941), émeutes antijuives au Caire (1945), à Benghazi et Tripoli (Libye, 1945 et 1948), à Damas (1946), à Aden (1947), au Maroc (Oujda et Jerada, 1948).

Pour les sionistes, un Juif immigrant en Israël « revient à la maison » [*sic*] et n'est donc pas un réfugié. En quelques années, 750 000 Juifs du monde arabe[1] vont s'installer en Israël dans des conditions précaires[2].

En Palestine, début mai 1948, devant l'ampleur de l'exode, toutes les autorités (ALA et HCA en particulier) demandent à la population arabe de rester chez elles, et aux autres de revenir. Mais dès le début de l'offensive arabe, le 15 mai 1948, les forces israéliennes empêchent les réfugiés de rentrer. De nombreux villages abandonnés sont rasés ou minés, des champs sont brûlés, les propriétaires sont poussés à vendre et à partir[3] tandis que de nouvelles implantations juives sont établies.

À la Ligue arabe et à l'ONU qui lui demandent d'autoriser le retour des réfugiés, l'État d'Israël répond que leur sort ne sera négocié que dans le cadre de véritables accords de paix. Au médiateur Bernadotte qui lui demande à nouveau, fin juillet 1948, d'organiser le retour des réfugiés, le ministre israélien des Affaires étrangères répond que, « au vu des atrocités commises dans les localités juives tombées aux mains de l'ennemi », on ne peut pas laisser se créer au cœur du nouvel État une « cinquième colonne acharnée à sa perte » [*sic*]. Bernadotte rejette ces arguments et invoque non seulement le « droit au retour », mais aussi une situation sanitaire qui, en plein été, vire au désastre et oblige l'ONU à intervenir.

Le 18 août 1948, devant son gouvernement à nouveau réuni au grand complet, Ben Gourion affirme vouloir « aider ceux qui ne reviendront pas [...] à se réinstaller à l'étranger[4] », en particulier, précise-t-il, les réfugiés issus de villages situés à proximité du front ou au voisinage de régions de peuplement juif. Selon certains membres du cabinet, la demande du retour des réfugiés est inconciliable avec la volonté du

1. Venus principalement d'Irak, de Syrie, du Yémen, d'Égypte, de Libye et surtout du Maroc, le contingent le plus nombreux.
2. Logés plusieurs années durant dans des camps de tentes et des préfabriqués (111 en 1952) qui abritent 230 000 réfugiés (dont 80 % de Juifs du Moyen-Orient).
3. In B. Morris, *Victimes...*, *op. cit.*, p. 282,
4. Cité in Y. Gelber, *Palestine 1948...*, *op. cit.*, p. 382.

camp arabe de reprendre le combat contre Israël. *In fine*, aucune décision n'est prise ce jour-là.

À l'été 1948, c'est désormais moins la fuite des réfugiés qui pose un problème que l'interdiction qui leur est faite de rentrer chez eux. Quelques mois plus tard, après la signature des conventions d'armistice (mars 1949[1]), le gouvernement israélien assure que l'avenir des réfugiés sera discuté « après la signature d'un traité de paix » en expliquant que le « refus arabe d'un compromis », conjugué à la volonté d'« éradiquer » [*sic*] toute présence juive en Palestine, rend impossible le retour d'une population hostile au cœur de l'État d'Israël.

Ancienne puissance mandataire, Londres recommande d'installer les réfugiés dans les pays arabes voisins. À l'exception de la Jordanie où le roi, soucieux de restaurer son image, cherche à les intégrer, aucun des États pressentis n'accorde aux réfugiés permis de travail et naturalisation.

Le 11 décembre 1948, l'Assemblée générale de l'ONU[2] *préconise* le retour des réfugiés chez eux. Mais ils sont doublement empêchés de revenir : par l'État d'Israël d'une part, par un discours arabe d'autre part qui, tout en condamnant l'exode, juge qu'un tel « retour » signifierait la reconnaissance de l'État d'Israël. Jusqu'en 1956, des milliers de réfugiés vont toutefois tenter de rentrer chez eux en « s'infiltrant » (c'est le mot alors en usage) à travers d'interminables lignes de cessez-le-feu.

2. **Une politique d'expulsion ?** – Le mouvement sioniste, explique Henry Laurens, « n'a pas prémédité ni organisé à l'avance le départ de la population arabe[3] ». C'est le terrain qui dicte la conduite de l'état-major sioniste. L'extrême violence du conflit ébranle les contemporains et façonne leurs réactions, elle met en lumière ce que le conventionnel Saint-Just nommait en 1793 la « force des choses ». Si, début 1948, l'exécutif sioniste n'a conçu aucun plan d'expulsion de la population arabe, l'offensive du 15 mai 1948, en violation des conventions de l'ONU et de la résolution du 29 novembre 1947, bouleverse

1. Voir *infra*, p. 116.
2. Résolution n° 194, préparée par Bernadotte.
3. In H. Laurens, *La Question de Palestine III*, *op. cit.*, p. 150.

la situation. Considérant que les voisins palestiniens peuvent devenir un utile point d'appui pour l'envahisseur, leur expulsion, explique l'état-major israélien, devient un objectif militaire destiné à garantir la survie de l'État.

Soucieux d'assurer l'indépendance nationale sur une partie du territoire, le projet sioniste portait en lui, dès l'origine, la séparation des populations, une séparation confortée par la rébellion de 1936 et par la radicalité d'un refus arabe très tôt marqué par des expulsions et des massacres. À cet arrière-fond de violence s'ajoute dans l'immédiat après-guerre, conjugué au choc provoqué par le génocide des Juifs d'Europe, le sort de plus en plus précaire des Juifs du monde arabe. Tel est le paysage mental des dirigeants sionistes de Palestine en 1948. C'est à partir de là qu'ils envisagent la survie à long terme de leur État. Par ailleurs, l'exécutif sioniste a également en mémoire le précédent des Sudètes, survenu dix ans plus tôt. Ou comment une minorité germanophone, instrumentalisée par Hitler, a conduit au démantèlement de la Tchécoslovaquie en 1939. Beaucoup se demandent si, dans un environnement hostile à l'État juif, une importante minorité arabe en Israël ne jouerait pas le même rôle. L'exode palestinien, explique un diplomate israélien en 1949, est « le résultat par ricochet d'une entreprise avortée d'expulsion[1] ».

À l'automne 1948, alors que les combats s'achèvent, la montée de la violence est patente chez les deux adversaires. Ainsi, les massacres commis par les Israéliens sont plus nombreux qu'aux premiers mois du conflit. Endurcissement des combattants ? Exacerbation de l'esprit de vengeance ? Relâchement de la discipline ? Peut-être faut-il prendre en compte également un dernier facteur aujourd'hui oublié : à l'automne 1948, l'armée israélienne a intégré de plus en plus de jeunes soldats rescapés de la Shoah, et tout juste arrivés d'Europe orientale où ils ont été témoins de l'effrayante barbarie de la guerre germano-soviétique. Ils gagnent l'État juif, accoutumés à ce niveau élevé de violence et la mémoire lestée de souvenirs à peine dicibles.

1. E. Danin, cité in Y. Gelber, *Palestine 1948…*, *op. cit.*, p. 412.

3. **L'abandon des Palestiniens.** – En novembre 1947, l'exécutif sioniste est encore favorable à l'indépendance de la Palestine arabe, mais la première phase de la guerre (de décembre 1947 à mai 1948) bouleverse la donne. Le gouvernement israélien voit désormais avec faveur les plans du monarque jordanien, car un État palestinien signifierait pour lui le retour aux lignes du plan de partage décidé par les Nations unies, des lignes dépassées sur le terrain et qu'il juge « indéfendables ». Plus encore, les plans d'Abdallah laissent ouverte la possibilité pour l'État juif de repousser un jour la frontière.

Pour l'heure, l'Égypte, qui envisage d'annexer le sud de la Palestine, refuse de valider les ambitions du roi Abdallah et le prend de vitesse en convoquant à Gaza, le 23 septembre 1948, avec l'approbation de la Ligue arabe, un « Congrès arabe palestinien » qui proclame l'« indépendance de la Palestine » et la formation d'un gouvernement dépendant entièrement du Caire[1]... et que les capitales arabes reconnaissent après quelques jours d'hésitation.

En réaction, Abdallah convoque à Amman un « Congrès palestinien » destiné à prendre le contrepied des décisions du « congrès de Gaza ». Puis il réunit à Jéricho (1er décembre 1948) un deuxième « Congrès palestinien » rassemblant 3 000 délégués qui votent le rattachement de la Palestine arabe à la Transjordanie. Les États arabes rejettent à l'unanimité le plan jordanien. Abdallah réplique en réunissant à Naplouse (28 décembre 1948) un troisième congrès à seule fin de confirmer les résolutions du deuxième (dit « congrès de Jéricho »). Les États arabes le rejettent à nouveau. S'estimant dès lors délié de ses engagements envers la Ligue arabe, le roi Abdallah brise toute aspiration à l'indépendance de la Palestine en démantelant en Cisjordanie les organisations armées palestiniennes. Il se déclare en même temps prêt à conclure un accord séparé avec les Israéliens.

Ces négociations israélo-jordaniennes commencent le 25 décembre 1948. Les Israéliens attendent un accord de paix, les Jordaniens une simple fin des hostilités, d'autant

1. Ce « gouvernement » demeure une pure fiction. Nasser y mettra un terme en 1959.

qu'une large partie du gouvernement d'Amman, à commencer par le Premier ministre lui-même, est hostile à tout rapprochement avec l'État juif. L'accord d'armistice est finalement signé à Rhodes le 3 avril 1949. La nouvelle à peine connue déclenche des émeutes dans plusieurs villes de Palestine. Mais à la suite de la Jordanie, les États arabes (à l'exception de l'Irak, qui n'a pas de frontière commune avec l'État juif) négocient eux aussi, séparément, avec l'État d'Israël, ignorant les Palestiniens également mis à l'écart aux Nations unies des négociations portant sur le règlement du conflit.

CHAPITRE XII

Une issue sans fin

I. – Les derniers combats

Le 29 octobre 1948, les Israéliens s'emparent de la Galilée (« opération Hiram ») tout entière et pénètrent au Liban, où ils occupent quatorze villages en gage des futures négociations. En revanche, au centre de la Palestine, face à la Légion arabe soutenue par les Anglais, les Israéliens sont contraints d'accepter, en guise de *statu quo*, le goulet d'étranglement de Qalqilya-Tulkarem, qui fixe leur frontière orientale à 13 kilomètres de la Méditerranée, rendant vulnérable la partie la plus peuplée de leur pays.

Au sud, l'État juif cherche à toute force à récupérer le Néguev, attribué par les Nations unies (novembre 1947) mais soustrait par le premier plan Bernadotte (juillet 1948). Profitant du calendrier électoral américain, le gouvernement israélien lance son offensive le 14 octobre 1948 en violant, ce faisant, la trêve imposée par l'ONU. Il est décidé à agir vite afin d'éviter une intervention britannique. De fait, après neuf jours de combat, l'armée israélienne met fin aux hostilités (23 octobre 1948) après avoir progressé, mais sans avoir pu s'emparer du Néguev tout entier. Dans la foulée, une nouvelle vague de réfugiés, forte de 200 000 personnes, se regroupe à Gaza. En décembre 1948, dans le même but, l'État juif lance une troisième offensive qu'il veut courte cette fois encore, mais qui le met à deux doigts d'un affrontement avec les Britanniques (7 janvier 1949). En mars 1949, une ultime et brève campagne lui permet d'atteindre la mer Rouge (Eilat).

Au total, les Israéliens déplorent un peu plus de 6 000 tués (dont 2 000 civils) et plus de 12 000 blessés graves (2,5 % de la population). Onze pour cent des hommes de 18 à

21 ans ont été tués[1]. Côté arabe, le bilan fait état d'environ 17 000 morts et 25 000 blessés. Selon l'historien palestinien Arif al Arif (1958) les armées arabes auraient perdu 3 700 hommes et les Palestiniens, 13 000[2].

Le conflit a provoqué l'exode de 700 000 à 750 000 réfugiés palestiniens, dont 200 000 sont dispersés dans une vingtaine de camps en Cisjordanie et 200 000 autres dans huit camps de la bande de Gaza. Près de 200 000 seraient dispersés dans treize camps au Liban, 100 000 dans dix camps jordaniens et 50 000 dans une dizaine de camps en Syrie. Enfin, 160 000 Palestiniens, un chiffre à réévaluer à la hausse du fait des milliers d'« infiltrations », demeurent dans ce qui devient l'État d'Israël dont ils sont désormais citoyens.

II. – D'une défaite politique à une cause humanitaire

Le 19 novembre 1948, les Nations unies créent un fonds spécial doté d'un budget de 32 millions de dollars consacré aux réfugiés palestiniens, dont le nombre est alors estimé à 500 000 personnes. Douze jours plus tard est créée la première organisation de secours spécifiquement dévolue aux réfugiés de Palestine, l'*United Nations Relief for Palestinian Refugees* (UNRPR)[3], qui œuvre aux côtés de la Croix-Rouge internationale (CICR). Les secours sont importants, mais ils sont compromis par la gabegie et une corruption que ne parvient pas à réduire la création, par les Nations unies, un an plus tard, le 8 décembre 1949, d'une agence destinée aux seuls réfugiés palestiniens, l'UNRWA (*United Nations Relief and Works Agency for Palestine Refugees in the Near*

1. La tranche d'âge des 18-30 ans (47 % de la population) concentre 65 % des tués. Sur le plan matériel, la moitié des blindés israéliens et le tiers de l'aviation ont été détruits.
2. Dans le tome six de son ouvrage majeur *Al Nakba* ; voir H. Laurens qui reprend ce chiffre (in *La Question de Palestine III*, *op. cit.*, p. 194), ainsi que Khalidi.
3. À propos de laquelle le président Truman annonce en décembre 1948 que les États-Unis prendront à leur charge la moitié du budget.

East). Sa mission est temporaire, mais d'année en année son mandat a été renouvelé jusqu'à nos jours.

L'effectif des réfugiés apparaît rapidement sujet à caution. Afin de percevoir des rations supplémentaires (pour eux-mêmes ou pour en faire commerce), un certain nombre de chefs de famille fournissent des chiffres erronés, s'inscrivent deux fois, ne déclarent pas les décès, etc. Un décompte rigoureux s'avère impossible et, jusqu'aujourd'hui, la question nourrit des controverses sans fin.

En septembre 1948, les chiffres fournis par les deux parties sont encore proches : 455 000 réfugiés selon les sources arabes, 424 000 selon les estimations israéliennes[1]. En novembre 1949, selon des rapports de la CCP (ONU), le nombre de réfugiés s'élèverait à 765 000 personnes, puis à près de 900 000 en 1952 selon le chiffre des pensions distribuées par l'UNRWA. En croisant plusieurs recensements, sur une population arabe de Palestine estimée à 1 491 221 personnes, 914 221 (les deux tiers) relèveraient d'un statut de réfugié. Compte tenu des 322 000 Palestiniens qui résident dans différents pays arabes, on estime en 1950 que 80 % des Palestiniens vivent à l'intérieur des limites de la Palestine mandataire (Israël inclus). À cette date, le CICR confie le problème à l'UNRWA, laquelle découvre en 1952 qu'au terme de nombreuses falsifications plus de 250 000 réfugiés sont de « faux réfugiés[2] ».

III. – Les négociations

Mis au point en juin 1948, le premier plan du médiateur de l'ONU bouleverse le plan de partage du 29 novembre 1947. Il prive l'État juif du Néguev, place Jérusalem sous autorité arabe et entérine l'annexion de la Palestine arabe par le roi Abdallah, faisant disparaître l'État palestinien programmé quelques mois plus tôt. Ce plan est rejeté par les deux parties. Bernadotte remet alors l'ouvrage sur

1. In Y. Gelber, *Palestine 1948…*, *op. cit.*, p. 388.
2. Voir *ibid.*, p. 361-366.

le métier et demande dans l'intervalle (juillet 1948) aux Nations unies la mise sur pied d'une force internationale capable de faire respecter la trêve. Elle est à pied d'œuvre fin août 1948.

Préparé durant l'été, son second rapport doit être présenté aux Nations unies le 21 septembre. Dans l'intervalle, et dans le cadre d'une dernière tournée dans la région, Bernadotte se rend à Jérusalem où il est assassiné par des terroristes juifs du Lehi le 17 septembre 1948. Un mois plus tard, le 14 octobre, l'offensive israélienne dans le Néguev rend son plan caduc. *A fortiori* lorsque, à peine réélu début novembre 1948, le président Truman s'oppose à toute sanction contre Israël, une initiative qui pousse le secrétaire d'État George Marshall à démissionner sur-le-champ.

À l'issue de la guerre, la partie arabe insiste sur le retour des réfugiés et les retraits territoriaux d'Israël. L'État juif, lui, s'interroge sur la valeur d'accords signés avec des régimes instables[1]. La situation étant bloquée, l'ONU va privilégier la conclusion d'accords d'armistice à partir des lignes de cessez-le-feu[2].

Le premier accord de cessez-le-feu entre Israël et un État arabe est signé le 30 novembre 1948 avec la Jordanie. Mais cet accord est d'emblée fragilisé par les questions du Néguev et de Jérusalem. Il est sauvé début avril 1949 par un compromis portant sur un échange de territoires et l'acceptation du contrôle jordanien de la « Vieille Ville » de Jérusalem vidée de sa population juive. À la suite de quoi, synagogues et *yeshivot* sont pillées et incendiées, tandis que le cimetière du mont des Oliviers est en partie détruit[3].

Entamé à la fin de l'été 1948 à Paris, le dialogue israélo-égyptien est rompu en octobre 1948 par la reprise de la guerre. L'accord de cessez-le-feu signé en janvier 1949 entérine

1. En décembre 1948, en effet, le Premier ministre égyptien est assassiné ; en août 1949, le Premier ministre syrien est renversé.
2. Résolution 62 du Conseil de sécurité, 14 novembre 1948.
3. Récupérées, des pierres tombales sont utilisées en guise de latrines. Voir V. Lemire (dir.), *Jérusalem. Histoire d'une ville monde*, Paris, Flammarion, « Champs », 2016, p. 386.

une présence militaire égyptienne en Palestine (« bande de Gaza »).

Supervisé par l'ONU, le dialogue israélo-libanais aboutit au retrait des forces israéliennes des quatorze villages occupés du Sud-Liban. La Syrie récuse quant à elle le tracé de la frontière internationale établi en 1920 (et modifié en 1923 à la demande de la France) qui accorde à la Palestine une partie du plateau du Golan. Plusieurs fois interrompue, et menacée en juin 1949 d'une reprise de la guerre, la négociation aboutit en juillet 1949 à un accord d'armistice qui établit deux zones démilitarisées de chaque côté de la frontière.

Le 11 décembre 1948, l'Assemblée générale des Nations unies adopte la résolution 194 dont le paragraphe 11 stipule : « L'Assemblée décide qu'il y a lieu de permettre aux réfugiés qui le désirent de rentrer dans leur foyer le plus tôt possible et de vivre en paix avec leurs voisins, et que des indemnités doivent être payées à titre de compensation pour les biens de ceux qui décident de ne pas rentrer dans leurs foyers et pour tout bien perdu ou endommagé[1]... » L'État d'Israël refuse le retour de la majorité des réfugiés. Ce même 11 décembre 1948, les Nations unies constituent une Commission de conciliation pour la Palestine (CCP) parrainée par les États-Unis, la France et la Turquie, qui invite les anciens belligérants à participer à une conférence générale à Lausanne. Les États arabes acceptent, mais sur pression de la Jordanie, les Palestiniens sont évincés de la conférence et ne disposent plus d'aucune représentation. Les délégations arabes refusant de siéger dans la même salle que les Israéliens, la négociation, indirecte, passe par l'entremise de la CCP. La conférence entérine le refus de l'Égypte de se retirer du territoire palestinien de Gaza, et le refus des États arabes (à l'exception de la Jordanie) d'intégrer les réfugiés. C'est un échec, tempéré toutefois par la reconnaissance du « droit au retour » des réfugiés (12 mai 1949). À l'été 1949, l'État d'Israël se dit prêt à intégrer 100 000 d'entre eux à la condition que les États arabes signent un traité de paix et

1. Cité in H. Laurens, *La Question de Palestine III*, *op. cit.*, p. 184.

accueillent les autres réfugiés. En retour, les États arabes réitèrent leur refus du partage de la Palestine, récusent les résolutions 181 et 194 des Nations unies (donc l'existence de l'État d'Israël) et réclament le retour *chez eux de tous les réfugiés*. Le blocage est complet.

C'est ainsi qu'au fil des années, le conflit se fige. Ni réinstallation, ni compensation financière, ni frontières définies. Vieux désormais de près d'un siècle et demi, il met face à face deux aspirations nationales et deux légitimités ancrées dans des temporalités différentes. À les regarder aujourd'hui, on a le sentiment que la guerre de 1948 n'est toujours pas terminée.

Conclusion

La nature atypique du mouvement national juif a déterminé la singularité de ce conflit, laquelle a favorisé des schémas d'explication classiques, voire des simplifications le plus souvent inaptes à en rendre compte. C'est pourquoi il est essentiel d'en décrypter la genèse, d'interroger les certitudes des deux camps et de questionner les enjeux qui sont en cause chez chacun d'entre eux.

Si ce conflit met en scène deux nationalismes qui se disputent une même terre, il oppose aussi deux sociétés séparées par des blocages d'ordre culturel, essentiels mais le plus souvent sous-estimés. De là deux discours qui cheminent parallèlement, animés par des logiques également légitimes, mais qui demeurent encore généralement ignorants l'un de l'autre.

BIBLIOGRAPHIE

Georges Bensoussan, *Une histoire intellectuelle et politique du sionisme (1860-1940)*, Paris, Fayard, 2002.

–, *Juifs en pays arabes. Le grand déracinement (1850-1975)*, Paris, Tallandier, 2012.

Amnon Cohen, *Juifs et musulmans en Palestine et en Israël. Des origines à nos jours*, Paris, Tallandier, 2016.

Yoav Gelber, *Palestine 1948. Guerre d'indépendance ou catastrophe ?* (2001), trad. C. Darmon, Saint-Victor-de-Morestel, Les Provinciales, 2013.

Yosef Gorny, *Zionism and the Arabs (1882-1948) : A Study of Ideology*, Oxford, Clarendon Press, 1987.

Issa al Issa (1878-1950), *Mémoires* (vers 1938-1950), préface de R. Khalidi, trad. N. Tadros Khalaf, Paris, Khartala, 2009.

A. W. Kayyali, *Histoire de la Palestine (1896-1940)*, trad. de l'arabe, Paris, L'Harmattan, 1985.

Rashid Khalidi, *L'Identité palestinienne. La construction d'une conscience nationale moderne* (1997), trad. J. Marelli, Paris, La Fabrique, 2003.

Walid Khalidi, *Nakba (1947-1948)*, trad. de l'anglais, Beyrouth et Arles, Institut des études palestiniennes et Sindbad, 2012.

Henry Laurens, *Le Retour des exilés. La lutte pour la Palestine de 1869 à 1997*, Paris, Robert Laffont, « Bouquins », 1998.

–, *La Question de Palestine I. L'Invention de la Terre sainte (1799-1922)*, Paris, Fayard, 1999 ; *La Question de Palestine II. Une mission sacrée de civilisation (1922-1947)*, Paris, Fayard, 2002 ; *La Question de Palestine III. L'Accomplissement des prophéties (1947-1967)*, Paris, Fayard, 2007.

Neville J. Mandel, *The Arabs and Zionism before World War I*, Berkeley, University of California Press, 1976.

Benny Morris, *The Birth of the Palestinian Refugee Problem (1947-1949)*, Cambridge, Cambridge University Press, 1987.

–, *Victimes. Histoire revisitée du conflit arabo-sioniste* (1999), trad. A. Dufour et J.-M. Goffinet, Bruxelles, Éditions Complexe, 2003.

–, *1948 : The First Arab Israeli War*, Yale University Press, 2008.

Ilan Pappé, *Une terre pour deux peuples. Histoire de la Palestine moderne*, trad. O. Demange, Paris, Fayard 2004.

Nadine Picaudou, *Les Palestiniens. Un siècle d'histoire. Le drame inachevé*, Bruxelles, Éditions Complexe, 2003.

Revue d'études palestiniennes, n° 1, automne 1981 et n° 15 (nouvelle série), printemps 1998.

Maxime Rodinson, « Israël, fait colonial ? », in « Le conflit israélo-arabe. Dossier », *Les Temps modernes*, n° 253 *bis*, 1967, « Israël et le refus arabe », p. 17-88.

Eugène L. Rogan et Avi Shlaïm (dir.), *La Guerre de Palestine (1948). Derrière le mythe* (2001), trad. S. Saurat, Paris, Autrement, « Mémoires », 2002.

Gershon Shafir, *Land, Labor and the Origins of the Israeli-Palestinian Conflict (1882-1914)*, Cambridge, New York et Melbourne, Cambridge University Press, 1989.

Anita Shapira, *Land and Power. The Zionist Resort to force (1881-1948)*, Oxford, Oxford University Press, 1992.

Nathan Weinstock, *Terre promise, trop promise. Genèse du conflit israélo-palestinien (1882-1948)*, Paris, Odile Jacob, 2011.

–, *1891-1907. Le mouvement sioniste découvre l'existence des Arabes de Palestine*, textes traduits, présentés et commentés, Paris, Honoré Champion, 2016.

PALESTINE, 1856-1882

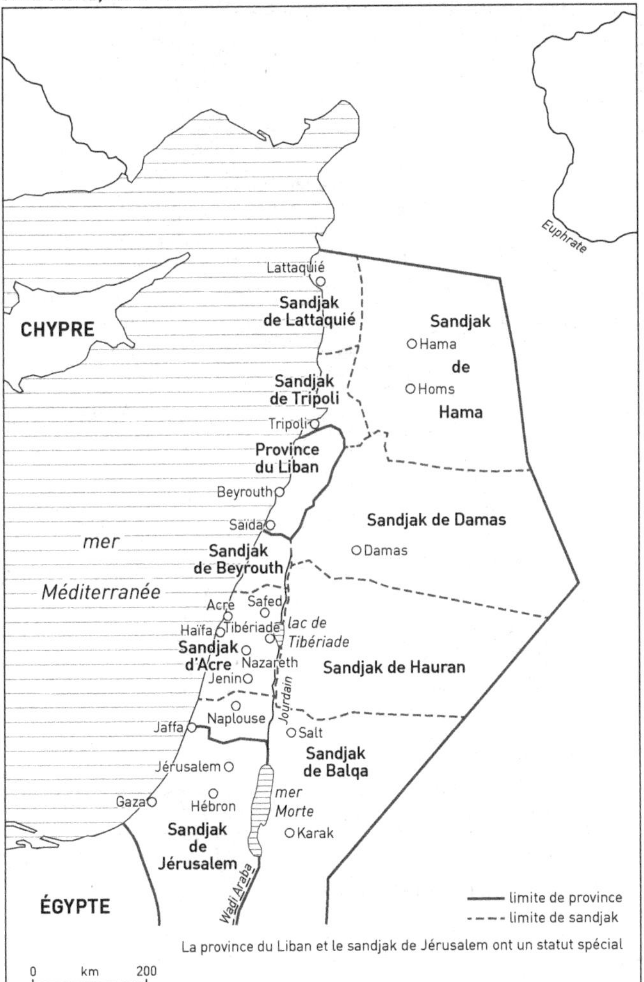

Source : Alexander Schölch, *Palestine in Transformation, 1856-1882 : Studies in Social, Economic and Political Development*, trad. William C. Joung et Michaël C. Gerrity, Washington, Institute for Palestine Studies, 1993.

LES IMPLANTATIONS JUIVES EN PALESTINE EN 1914

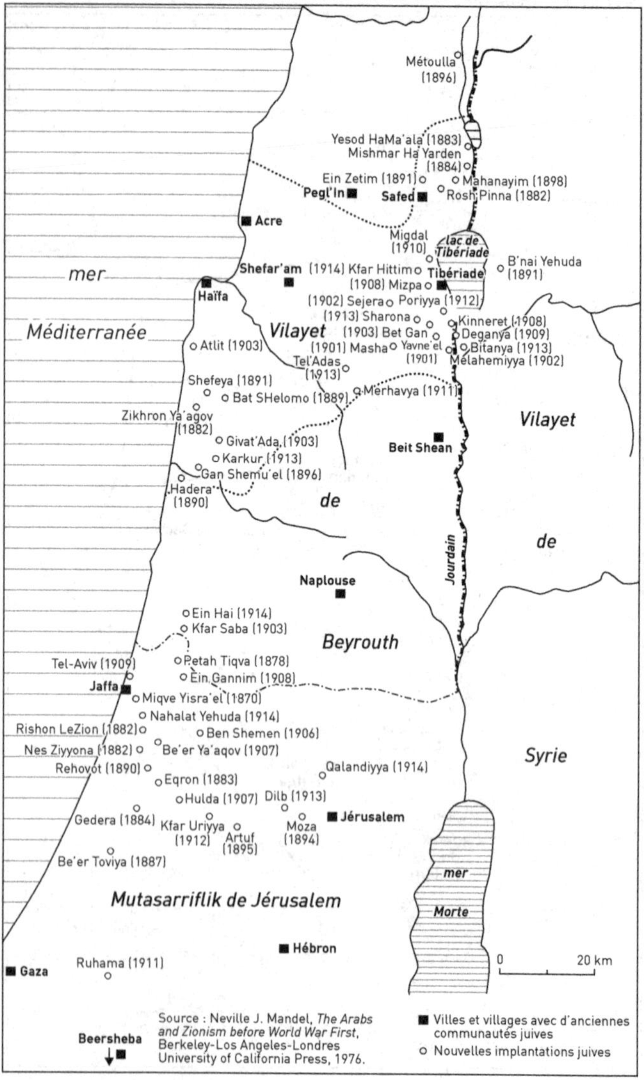

Source : Neville J. Mandel, *The Arabs and Zionism before World War First*, Berkeley-Los Angeles-Londres University of California Press, 1976.

■ Villes et villages avec d'anciennes communautés juives
○ Nouvelles implantations juives

LE PROJET DE PARTAGE DE LA COMMISSION PEEL, juillet 1937

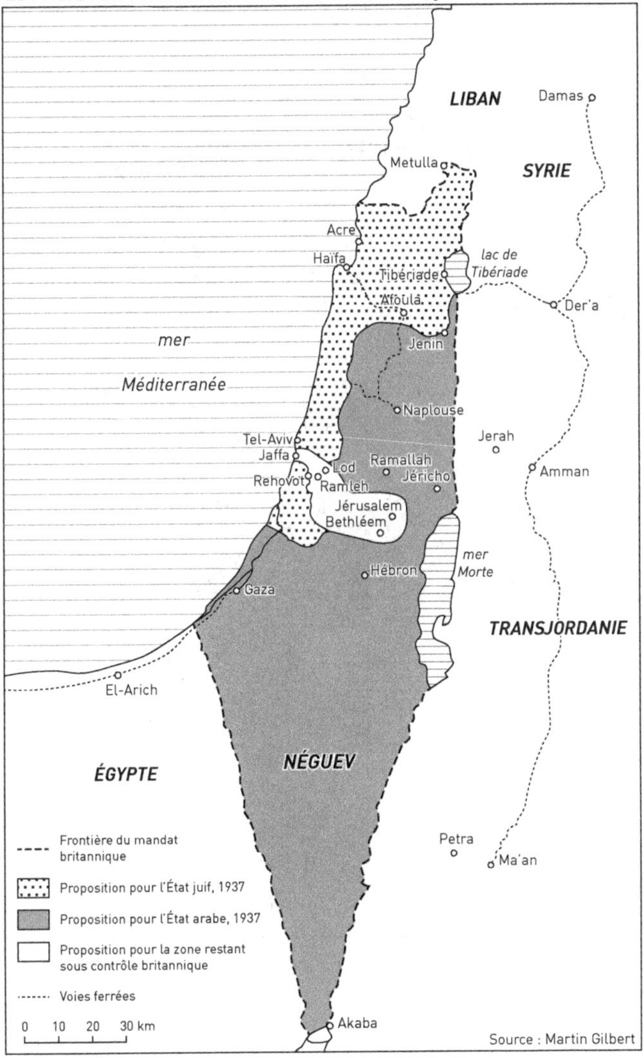

Le partage de la Palestine par les Nations unies en 1947

1949
LIBAN
SYRIE
Acre
Haïfa
lac de Tibériade
mer
Méditerranée
Hadera
Jourdain
CISJORDANIE
Naplouse
JORDANIE
Tel-Aviv
Jaffa
Amman
Ramallah
Jérusalem
Bethléem
mer Morte
Gaza
Hébron
Bande de Gaza
Sodome
NÉGUEV
ÉGYPTE
État juif
Territoire palestinien annexé par la Jordanie
Bande de Gaza
Territoire palestinien administré par l'Égypte
N
0
30 km
Akaba

TABLE DES MATIÈRES

Composition et mise en pages
Nord Compo à Villeneuve-d'Ascq

Imprimé en France
par la Nouvelle Imprimerie Laballery
rue Louis Blériot 58500 Clamecy
octobre 2023 - N° 310406

La Nouvelle Imprimerie Laballery est titulaire de la marque Imprim'Vert®